J'AI SÉQUESTRÉ KIM KARDASHIAN

YUNICE ABBAS
avec THIERRY NIEMEN

J'AI SÉQUESTRÉ KIM KARDASHIAN

l'Archipel

Notre catalogue est consultable à l'adresse suivante :
www.editionsarchipel.com

Éditions de l'Archipel
34, rue des Bourdonnais
75001 Paris

ISBN 978-2-8098-4045-2

Prologue

Yunice Abbas. Pour vous servir ! Mon nom vous dit quelque chose ? Pas vraiment ? Je vous aide, alors. J'appartiens au commando composé des cinq « papis-braqueurs » qui, à plus de soixante-cinq balais pour certains, ont agressé, une nuit d'automne 2016, madame Kim Kardashian dans un hôtel particulier de luxe à deux pas de la Madeleine, puis lui ont dérobé ses bijoux. Au cœur de l'un des plus beaux – et fliqués – quartiers de Paris.

« Le casse du siècle », qu'ils ont dit à la une des journaux, jour après jour, puis semaine après semaine. Remarquez, de ce point de vue, les plumitifs n'avaient peut-être pas tort. S'introduire, la nuit, dans l'un des lieux de villégiature les plus prisés des stars, en plein Paname, à pied et à vélo, vêtus d'uniformes de policiers, sans effraction ni violence, pour y retenir prisonnière l'influenceuse la plus célèbre de l'univers certes frelaté mais si lucratif des fameux réseaux sociaux n'est pas chose courante.

Bilan de l'opération ? Neuf millions d'euros. Embarqués dans une vulgaire besace. Dont une bague de fiançailles – peut-être la plus chère au monde – d'une valeur de 4 millions de dollars.

Le coup le plus incroyable de ma vie ! Pourtant si bousculée par le destin, et pendant si longtemps. Un peu comme un jackpot qui arriverait en toute fin de partie.

Mais d'aucuns, parmi ces « journaleux » surtout, ont cru bon de faire la fine bouche quand nous sommes tombés, les copains et moi. Un an après ma remise en liberté provisoire, assortie d'une assignation à résidence, j'ai lu bien trop d'âneries, de bassesses, de vils mensonges ou de simples approximations pour continuer à faire ce que je m'impose depuis si longtemps : fermer ma gueule.

Écrire un livre ? J'y pensais depuis un bail. Tant de choses à raconter, d'anecdotes à partager et, plus que tout, de vérités à rétablir. Il faut croire que le moment était venu. Comme une évidence qui a fini par éclore dans ma tête de vieux truand à l'ancienne.

Alors le pied nickelé à 9 millions d'euros – plus grosse somme d'argent jamais dérobée en une séquence dans l'histoire de notre bel Hexagone – a enfin décidé de se mettre à table. Sans haine ni rancune. Deux sentiments que j'ai toujours ignorés et qui, à soixante-six piges révolues, me sont restés étrangers.

Le braquage de la star des internautes, icône des médias bêtas, miroir d'une époque pleine de vide où l'on se contenterait presque de rêver devant des écrans lumineux pour devenir riche et célèbre, aurait pu être mon apothéose. Ce ne fut sans doute en fin de compte que l'affaire de trop. Comme un résumé fidèle de ma turbulente existence.

Car je vais vous faire une confidence : j'ai déjà eu une sacrée vie avant Kardashian !

1

Grandeur et décadence d'un petit commerce de banlieue

D'ici à quelques semaines, j'aurai l'occasion de poser mes augustes fesses dans le box d'un tribunal. Ce ne sera certes pas une première mais, foi de Yunice, il s'agira bel et bien de la dernière. J'en ai fini avec les conneries !

J'y répondrai, aux côtés de mes complices, de l'agression de la star virtuelle planétaire numéro un, Kim Kardashian, puis du vol de ses bijoux. Un procès qui risque de faire du bruit.

Bien souvent, des gens m'ont demandé comment j'avais pu passer près du tiers de mon existence – soit une vingtaine d'années – derrière les barreaux. La réponse est simple : par un méchant concours de circonstances. Il m'a entraîné dans la fameuse spirale de la petite délinquance, précédant le grand banditisme, qui happe sans pitié tant de jeunes types issus de ma condition sociale.

J'affirme pourtant que je n'avais aucune prédisposition particulière pour cette vie en lambeaux. Tout au contraire : j'aspirais à la famille, à la carrière, puis au destin bien rangé de Monsieur Tout-le-Monde. Mais les banques, ainsi qu'un système financier inique et sans scrupule, coupables d'avoir ruiné des cohortes d'honnêtes entrepreneurs – et j'aurais pu être l'un d'entre eux – en ont décidé autrement.

Nous sommes en 1978. Je me lance dans la vie professionnelle à mon compte, après treize années passées à travailler pour les autres. J'ouvre alors un atelier de montage d'accessoires auto : autoradio, alarme, jante alliage, attelage de caravane et autres sièges en polyester, très en vogue à l'époque. J'installe mon affaire au centre commercial Les Arcades, à Noisy-le-Grand. L'activité progresse vite et je travaille plutôt pas mal. Rapidement, mon chiffre d'affaires décolle, puis me permet de vivre en nourrissant ma famille. Seule ombre au tableau : beaucoup d'impayés. Des chèques sans provision pour la plupart. Une plaie !

À chaque fois, je me tourne vers les banques, mais celles-ci, tel Ponce Pilate, s'en lavent les mains. Elles se déclarent impuissantes à régler mes soucis qui, eux, vont crescendo. Au fil des mois et des emmerdes qui s'amoncellent, le ton monte, puis les relations se détériorent. Mes interlocuteurs policés en costard-cravate finissent par m'envoyer purement et simplement sur les roses. « Démerde-toi, mon petit bonhomme, et va pleurer dans ta cour pour voir si j'y suis ! », m'expliquent-ils en substance.

D'abord abasourdi, je dois me rendre à l'évidence : tous ces déficits, toutes ces dépenses qui s'accumulent sont en train de me conduire à la faillite. Je ne suis plus en mesure de couvrir mes échéances qui, elles, n'attendent pas.

Petit à petit, je commence à gamberger. Cette chute qui s'annonce, je la dois à des gens malhonnêtes ayant abusé de ma confiance. Mais aussi à une logique injuste qui, *in fine*, revient à rendre les banques complices de cette lente descente aux enfers. Désormais, la garce m'étrangle. Les salauds ! Eux aussi doivent payer.

À force de ruminer colère et frustration, je finis par renouer avec d'anciennes connaissances. D'abord en acceptant de leur rendre de menus services : surtout des « plaquages » de véhicules volés. Payés cash, sans délai aucun, ils me permettent de combler en partie mes dettes. Je n'ai que deux objectifs en tête : sauver mon entreprise et obtenir de quoi vivre. Rien d'autre.

Ce petit commerce a duré un an sans encombre. Jusqu'à ce jour où l'Office central de répression du banditisme (OCRB) a débarqué dans ma boutique. Mes deux frères, que je salariais, ont eux aussi été arrêtés. Et nos fins limiers se sont copieusement servis, comme des voleurs. Ils ont profité sans vergogne de la perquisition pour saisir une part importante de mon stock. Avec une nette prédilection pour les autoradios, fort prisés en ce temps-là. Ils ont aussi vidé la caisse, avant tout de même d'en restituer le contenu à mon frère aîné pendant mon incarcération. Innocenté, de même que le cadet, il a pu être libéré après deux jours de garde à vue. À mon grand soulagement.

Pour ma part, je suis alors prêt à répondre de mes actes, certes délictueux. Mais pas à écoper pour les faits bien plus graves que l'on ne va pas hésiter à me coller sur le dos. Lorsque mon avocat détaille le libellé de la commission rogatoire consignée à mon encontre, au motif de « recel et vol de magnétoscopes » provenant d'un « semi-remorque » affrété par Darty – dont j'ignorais jusqu'à l'existence –, je manque de tomber de ma chaise. Comment la justice a-t-elle pu en arriver à de telles conclusions ? Par des supputations et autres extrapolations. Tout aussi erronées que fantaisistes.

La vérité c'est que je n'avais, jusqu'à un passé récent, jamais fait affaire avec mes commanditaires. Celui qui nous a remis en relation – un proxénète notoire – correspondait à l'époque avec un complice de François Besse, principal lieutenant de Jacques Mesrine, l'« ennemi public numéro un ». Et l'un de ses anciens codétenus. Ledit Besse défiait la police et focalisait l'attention des médias, tant par ses frasques que par ses braquages épiques. De surcroît, il venait de s'évader de prison, en Espagne, dans des conditions rocambolesques. C'est peu dire que sa simple évocation mettait alors les perdreaux sur les dents.

Hélas pour moi ! Car la plupart des gens qui, déjà, avaient caché Mesrine après son évasion de la Santé résidaient à Aulnay-sous-Bois, dans notre bon vieux « 9-3 ». Or, il s'agissait de complices du fameux proxénète qui, sans doute filé par l'OCRB, n'a pas manqué de ramener les enquêteurs jusqu'à ma pomme. Manque de chance.

Ceux-ci en ont conclu à tort que j'étais l'un des rouages de cette filière de malfaiteurs, alors que je n'en étais qu'un prestataire occasionnel. Le piège s'est ainsi refermé sur moi. Je me suis retrouvé fiché au grand banditisme, dont j'étais encore fort éloigné, pour avoir posé de fausses plaques d'immatriculation sur des véhicules volés. Entendons-nous bien. Que ces bagnoles aient pu servir à des braquages à main armée ne fait, j'en conviens, aucun doute. Mais j'affirme n'avoir jamais, moi-même, participé à aucune de ces équipées.

Il en fallait davantage pour convaincre les juges de ma bonne foi. Mes dénégations, puis la plaidoirie de mon avocat ne m'ont pas empêché de prendre neuf années de prison ferme. Auxquelles s'ajoutent trente mois pour un « recel de magnétoscopes » tout aussi fantasmagorique. À titre d'information, le proxénète, lui, s'en est tiré avec huit mois ferme... Étonnant, non ?

À la décharge des magistrats, il convient de préciser que le climat était délétère. Bousculés par la montée de Le Pen et du Front national après l'élection de François Mitterrand à l'Élysée, les politiques s'étaient lancés dans une dangereuse surenchère en accusant le nouveau pouvoir de laxisme. Le système judiciaire, sous pression, s'est donc pour ainsi dire emballé. Et les prisons se sont mises à déborder.

Les juges du parquet n'hésitaient plus à déraper, y compris durant les audiences, en tenant des propos racistes et xénophobes. En toute impunité, puisqu'ils bénéficiaient de fait de l'immunité judiciaire. N'oublions pas non plus qu'un magistrat du parquet, au nom de la « manifestation de la vérité », jouit de droits illimités au cours d'un procès. Y compris celui de mentir. Objectif : obtenir la condamnation. Bref, la fin justifiait les moyens. Quel qu'en soit le prix pour des citoyens déjà en rupture sociale. Une fois lancé, ce rouleau compresseur est impossible à arrêter. Il broie indifféremment tout ce qui se trouve en travers de sa route.

Détail important pour la suite du récit, le commissaire divisionnaire qui m'a arrêté lors de cette première affaire s'appelait Philippe Féval. Un flic, un vrai ! Même si les hasards de la vie ont fait de nous des adversaires et n'ont pas tardé à provoquer d'autres rencontres – j'y reviendrai longuement – en de troubles circonstances, il se montrera, à chaque fois, correct et équitable dans l'exercice de ses fonctions. Avant de se voir à son tour happé par cette machine infernale qu'il servait pourtant, jusque-là, avec une grande conscience professionnelle. Tout le monde ne saurait en dire autant.

Cet exemple ô combien prémonitoire en atteste : lors de mon arrivée devant le tribunal de Bobigny, le président de la cour d'assises m'a signifié, à haute et intelligible voix, que pour les faits qui m'étaient reprochés je n'encourais rien moins que... la réclusion criminelle à perpétuité.

J'aime à croire que les choses ont peut-être un peu évolué depuis.

2

Diamants en bandoulière et appels longue distance

Maudite glissière ! Pour la troisième fois, je m'acharne à tenter de fermer cette sacrée fermeture éclair. La bougresse ne veut rien savoir, mais pas question de tirer comme un sourd. À force, elle va finir par me rester dans la main. Mon sac à dos déborde et pèse le double de son poids habituel. Il semble surtout lesté par son fond où j'ai senti, en le palpant, quelque chose de lourd et de compact. Par-dessus cette mystérieuse forme s'empilent gants, cagoule, outils divers et vêtements de rechange. Bref, les accessoires nécessaires à la réalisation de notre coup fumant.

Tout s'est plutôt bien passé, jusqu'à présent. Pourtant, quelque chose vient de changer. L'atmosphère, dans ce salon où nous remballons fiévreusement nos affaires, est devenue irrespirable. Nos gestes, précis et minutieux au début de l'opération, ressemblent maintenant à ceux d'automates qui s'emballent. Tout le monde est à cran. Le garagiste que je suis ne s'y trompe pas : il est grand temps pour nous de plier les gaules car la mécanique ne va plus tarder à s'enrayer.

À cause de ce foutu sac, impossible à boucler et qui pèse une tonne, j'ai perdu du temps. Je sors bon dernier. Me voici dans la rue. À la traîne. Mes complices sont déjà loin devant.

Comme s'ils avaient inconsciemment partagé la même impression. L'un d'entre eux a, sans doute, jugé utile de placer cette lourde masse, de forme indéfinie, au fond de mon sac à dos. Il devait avoir de bonnes raisons pour cela. Nous en parlerons, lors de notre prochain débriefing, au futur point de ralliement. En attendant, et faute de pouvoir le refermer, j'en bourre comme je peux le contenu en le comprimant à l'aide de mes poings. Vaguement inquiet, je le fixe en bandoulière au guidon de mon VTT, stationné dans l'enceinte de cet hôtel particulier au luxe tapageur, jouxtant la place de la Madeleine. À présent, il ne reste plus que lui. Mes camarades ont déjà enfourché les leurs. Puis taillé la route. Je le retrouve où je l'ai laissé : sagement appuyé contre le mur du couloir qui mène à la cour intérieure du bâtiment.

L'air nocturne me fait du bien. Pourtant, une sourde anxiété vrille *crescendo* mon estomac.

En arrivant, il y aura bientôt vingt minutes, sur ce théâtre d'opérations que je connais pour l'avoir étudié à moult reprises avant l'action, j'ai constaté que la roue arrière de mon vélo était presque à plat. La tuile ! Mais il faudra bien faire avec.

J'aperçois mes comparses tourner dans la première rue à gauche, avec quelques dizaines de mètres d'avance. Cette nuit d'automne est sombre et la température guère propice à la promenade. Peu de chances de faire beaucoup de rencontres. Pourtant, une petite voix me le souffle à l'oreille avec insistance : il faut filer. Vite !

Déséquilibré par le poids du sac, le vélo se met à zigzaguer sur la chaussée. Je dois avoir l'air d'un ivrogne en goguette. Parfait pour attirer l'attention. Mais la seule âme vivante croisée depuis mon départ, un clochard blotti sous une porte cochère avec son humble barda, m'a à peine regardé.

Je n'ai pas le temps de m'en réjouir. À peine ai-je tourné à mon tour dans la rue perpendiculaire, que j'aperçois face à moi une voiture de police. Sans gyrophare, mais à l'évidence en maraude dans le quartier.

Dans la seconde, je suis comme tétanisé. Mes pulsations cardiaques montent en flèche. Le sang me cogne aux tempes. Je porte un gilet réfléchissant rouge vif réglementaire, alors que ceux des autres sont jaunes. Avec cet accoutrement sur le paletot, je suis aussi visible qu'une cerise sur une coupe de fromage blanc. Dois-je m'en féliciter ou le regretter ? Impossible en tout cas de rebrousser chemin. Les bleus y verraient l'aveu du gars qui n'a pas la conscience tranquille.

Comme la rue est en sens unique, j'ai pris la précaution de monter sur le trottoir. Bien m'en a pris ! Je pourrais donc faire mine de rentrer chez moi ? L'idée, un court instant, me séduit. À quitte ou double en vérité, car les flics, à 2 h 30, préfèrent souvent voir les rares véhicules encore actifs circuler. Je l'enterre donc.

Au bout du compte, je décide de continuer à pédaler. Le plus lentement possible, afin de ne surtout pas tomber.

Vol plané, roulé-boulé et pierreries sur la chaussée

En croisant mes compagnons, les policiers les ont sans doute observés, puis ils ont poursuivi leur route. Dans ma tête les pensées se bousculent. Pour le moment encore en bon ordre. Pourquoi ne feraient-ils pas de même avec moi ?

Les perdreaux roulent à faible allure. Une fois à ma hauteur, ils me dévisagent mais ne s'arrêtent pas. Pessimiste comme jamais, je me dis pourtant que tout est terminé. L'œil rivé à mon rétroviseur, je fixe l'arrière de la voiture, qui n'en finit pas de s'éloigner. Pas de feux stop qui s'allument. Ni de demi-tour en vue. N'empêche : il en faudrait davantage pour me rassurer. Je commence à douter qu'ils soient là par hasard...

Tournant une seconde fois à gauche, je peux enfin disparaître de leur champ de vision. Je veux accélérer et j'entreprends de me mettre en danseuse, dressé sur les pédales, afin de donner plus de vitesse à mon engin. Mauvaise option.

Le sac à dos ballotte sur le guidon et flirte avec les rayons de la roue avant. La rue suivante, à droite, a connu des travaux de chaussée récents. Comme souvent dans ma vie, le danger survient là où on ne l'attendait pas. Ma roue arrière chasse, puis se bloque net dans la terre glaise. La roue avant pile. Le vélo fait un soleil et moi avec. J'enchaîne d'instinct par un roulé-boulé.

La chute a été rude, mais une longue pratique des arts martiaux me permet de limiter la casse. Remis sur pied et en bon état, j'aperçois le sac qui gît à quelques mètres du vélo. Autour de lui, épars, les gants, les K-way prévus en cas de pluie, ma cagoule, la tige de fer pour neutraliser les deux caméras perchées dans les parties communes de l'immeuble – nous apprendrons plus tard qu'elles étaient inopérantes – et... de petites choses, nombreuses et scintillantes, qui jonchent la chaussée. Des bijoux !

J'ignore qui a mis ces pierreries dans mon sac, mais je n'ai vraiment pas le temps de m'interroger. La situation, déjà imprévue, se complique encore. De nouveau, la panique me gagne. Si les flics reviennent – et la probabilité m'apparaît bien réelle – je suis cuit.

Dans la plus totale précipitation, je ramasse à la va-vite valeurs et objets divers. Je les enfourne pêle-mêle dans le sac, sous l'œil impassible d'un autre SDF, réveillé pour l'occasion. Sans doute aussi inquiet que moi, le brave gars ne bronche pas.

Cette fois, ma roue arrière est crevée. Vu l'heure et tout le temps perdu, pas question de réparer. Moins encore au beau milieu du trottoir, à deux encablures de la Madeleine. Dans quelques heures à peine, le quartier tout entier bruissera sans doute du récit de nos exploits. Ne plus moisir ici !

Et dire que j'ai un instant songé à me délester du sac... J'ai bien fait de m'abstenir ! Je sais maintenant qu'il ne faut même plus y penser. En revanche, je n'ai jamais envisagé de me débarrasser du vélo. Je choisis de le pousser et de finir ainsi mon laborieux trajet jusqu'à la gare Saint-Lazare. Par chance, elle est toute proche.

Inquiets de ce retard, mes complices m'ont appelé à plusieurs reprises déjà sur mon portable. Je finis par décrocher, ne serait-ce que pour les rassurer. Certes, il était prévu que chacun rentre de son côté, afin d'attirer le moins possible l'attention. De ce point de vue, ma mésaventure ne change rien à notre organisation. Mais je devais leur remettre le sac à dos au moment de nous séparer… Je comprends mieux pourquoi. Raté ! Tant pis. Je garde tout. Direction la maison. J'ai repris mes esprits et recouvré le calme nécessaire à la bonne exécution d'un coup.

À la gare Saint-Lazare, tel un paisible cycliste, je dépose le vélo près d'une bouche de métro. Mais au lieu de m'engouffrer dans l'escalier qui descend sous terre, je m'attelle à fermer correctement ce fichu sac. Non sans avoir auparavant retiré mon gilet fluo, que je glisse dedans. J'y parviens enfin, puis hèle un taxi – une Citroën C4 – qui patientait devant la gare.

Une poignée de kilomètres plus loin, je descends à la gare de l'Est, laisse 10 euros au type puis, de là, remonte à pied le boulevard Magenta et les quelques centaines de mètres qui me séparent de la gare du Nord. Dans une rue adjacente, j'ai garé un véhicule, volé et « plaqué », que je récupère avec soulagement.

Tout comme une rivière en crue qui aurait retrouvé son lit, notre plan initial, après avoir donné de la bande, semble reprendre son cours normal. Avant de tourner la clé de contact, une dernière précaution s'impose : fracasser mon « téléphone de travail », qui risque désormais de se transformer en mouchard. La puce connaît le même sort. Je les éparpille dans des bouches d'égout différentes, avec le sentiment du devoir accompli.

Hormis quand des événements contraires s'en mêlent, je suis plutôt un gars ordonné et soucieux de chaque détail. Mes quarante années passées comme mécano, dans des garages du 9-3, y ont sans doute beaucoup contribué.

De Beverly Hills au canal de l'Ourcq : itinéraire d'un téléphone indiscret

Après avoir remonté les boulevards Magenta, Barbès puis Ornano, quasi déserts, j'engage la fourgonnette Renault Kangoo sur le périphérique intérieur. Quelques instants plus tôt, au moment précis où je croisais une autre voiture de police en maraude, une sonnerie de téléphone totalement incongrue a retenti dans l'habitacle, me faisant sursauter. Elle venait du sac à dos déposé sur la banquette arrière.

La tension qui, depuis deux bonnes heures maintenant, enserre sans discontinuer mes tripes remonte en flèche. Qui cela peut-il bien être et, surtout, qu'est-ce que c'est que ce fichu mobile ? J'ai détruit le mien, celui dit « de travail », avant de quitter la gare du Nord.

Le bougre ! Voilà qu'il sonne de nouveau ! Tout en conduisant sur les Maréchaux, en direction de l'est, j'essaie d'attraper le sac en lançant ma main droite à l'aveuglette derrière moi. En vain. Je tente de me raisonner : l'un des gars a dû oublier le sien dans le feu de l'action, pendant que nous préparions fébrilement notre départ de l'hôtel particulier. Inquiet de cette disparition, il aura prévenu les autres qui, du coup, tentent de me joindre. Plausible, en effet, mais pas assez pour atténuer l'angoisse qui m'étreint le larynx. Cela dit, pas question de stationner en catastrophe sur la bande d'arrêt d'urgence. Cela risquerait d'attirer l'attention.

Il faut que j'en aie le cœur net. Le plus tôt sera le mieux.

À la porte de Pantin, je sors de Paris pour terminer ce parcours du combattant par la RN3. Les communes défilent, familières : Bobigny, Bondy, Les Pavillons-sous-Bois.

La délivrance approche. Mes pulsations cardiaques se sont un peu calmées. Pas pour longtemps…

Voilà qu'une troisième sonnerie repart, me vrillant les nerfs. Cette fois, je m'arrête dans une rue tranquille, saisis le sac à dos, et farfouille dedans jusqu'à ce que je l'aperçoive, enfin, tout au fond. L'objet en main, je le contemple, interloqué. Ce téléphone au design dernier cri, évidemment féminin, ne ressemble en rien à ceux dont nous nous sommes équipés pour l'opération.

Soudain, je sursaute de nouveau. Mon cœur, synchro, a fait un bond dans ma poitrine : la sonnerie. Encore…

Devant mes yeux incrédules, un nom apparaît alors sur l'écran lumineux. Pas possible ! J'hallucine…

Cette interminable nuit, si riche d'émotions, s'achève sur un ultime coup de théâtre. Ma correspondante, si je décroche cet appel longue distance venu de l'autre côté de l'Atlantique, est connue du monde entier. Qui ne rêverait, à 4 heures, de parler en privé à la chanteuse Tracy Chapman ?

Sûrement pas moi ! Dans ces circonstances du moins. Paniqué, je m'escrime à éteindre le bidule, sans succès, puis en retire la batterie. Rien à faire ! Il s'obstine à sonner de plus belle… Je prends alors une énième décision radicale : m'en débarrasser.

Je retraverse donc la RN3. Cette fois, direction le pont de Bondy, qui surplombe le canal de l'Ourcq.

Ici, en ce coin anonyme du 9-3 où les grands médias nationaux n'aiment guère s'aventurer, le téléphone portable personnel de Kim Kardashian, la « star virtuelle » américaine de renommée planétaire, va finir son existence par un « plouf » sonore. Fort heureusement, il ne réveillera personne.

Le film des événements, qui se sont succédé depuis le début de soirée, défile en accéléré dans ma tête. Depuis longtemps déjà, je savais que le casse parfait n'existe pas. Les impondérables, quand ce ne sont pas les emmerdes, volent toujours en escadrille. Mais à ce point…

Foutue nuit, les amis !

*

Cette nuit-là, je dors mal. Ou si peu. Deux heures tout au plus, à naviguer dans le sirop, entrecoupées de quelques séquences de sommeil aussi brèves qu'agitées. Le redémarrage est donc poussif.

La journée s'annonce d'autant plus pénible que Farida, ma chère et tendre, affiche sa mine des mauvais jours. Elle s'est plainte de mon retour à une heure indue. À l'en croire, je l'aurais réveillée. Je sais pourtant qu'elle ne dormait pas. Son inquiétude, aussi palpable que légitime, ne va pas tarder à prendre une dimension plus préoccupante encore.

Au moment du café matinal, la télé à peine allumée, gros titres et accroches tournent en boucle sur l'écran, comme autant de surenchères. « Un célèbre mannequin séquestré à Paris. Ses bijoux volatilisés... Après le vol de ses bijoux, Kim Kardashian va quitter Paris et la Fashion Week[1]... Kim Kardashian dévalisée à Paris ; l'Amérique scandalisée... » J'en passe et de meilleures...

La boule qui depuis hier soir pèse sur mon estomac s'est remise à grossir. Et les soucis ne font que commencer. La moue contrariée, ma femme tourne la tête dans ma direction et me lâche, avec un mouvement de menton péremptoire :

— Cette affaire-là, c'est tout toi !

Je lève les yeux au plafond d'un air accablé, puis hausse les épaules. Sans la convaincre le moins du monde. Ses soupçons, qui ne datent pas d'hier, sont fondés. En quarante années de vie commune, mon parcours n'a fait qu'attiser chez elle une paranoïa que le temps, lui, n'a pas manqué d'entretenir.

---

1. La « Semaine de la mode » de Paris, qui réunit, au rythme de deux éditions annuelles depuis 1973, le gratin des maisons de haute couture et leurs mannequins, ainsi que de nombreuses vedettes internationales.

« Il faut que tout ça se tasse gentiment », me dis-je. Mais ça n'en prend vraiment pas le chemin...

Et en avant pour le grand barouf!

Les heures passent, la matinée s'avance et le barnum médiatique s'amplifie à vue d'œil. Voilà qu'ils parlent maintenant d'images, certes diffuses, de nos silhouettes en train de quitter les lieux à vélo, capturées par les caméras de l'immeuble.

Info qui, *a posteriori*, se révélera fausse. Il y en aura tant d'autres...

Un bonheur ! « Si cela se confirme, me dis-je, on peut imaginer que l'une d'entre elles a fort bien pu enregistrer nos visages. Au moment où nous avons ôté nos cagoules, juste avant de filer. »

On connaît la suite. Encore un *fake*.

Le doute, insidieux, ne me quitte pas durant la journée. Du coup, je me méfie de tout et de chacun. Les flics de la Brigade anticriminalité (Bac) du Raincy, que je croise pourtant souvent dans mon café de prédilection, m'apparaissent aujourd'hui comme possibles porteurs de mauvaises nouvelles et synonymes de dangers potentiels. Je n'adresse la parole à personne, me contentant de répondre par monosyllabes lorsque quelqu'un sollicite mon avis.

Les conversations vont bon train sur le sujet du jour, parfois délirantes, et ce, à peu près partout où je décide de m'arrêter. Je reste silencieux mais suis abasourdi. Jamais je n'aurais imaginé qu'une influenceuse des réseaux sociaux, certes connue dans le monde entier, pourrait plonger les médias et, à un degré moindre, mes compatriotes dans une telle hystérie collective.

Farida elle-même est encore scotchée devant les chaînes de la TNT au moment où je rentre, en fin de journée. Elle me jette un regard noir, puis le reporte, derechef, sur l'écran.

Toujours accrochée à mon ventre, la pétoche ne lâche rien. Il va pourtant me falloir cohabiter avec un bon moment. D'autant moins évident que je vis fort mal cette campagne de presse qui s'emballe et part dans tous les sens. Pourvu qu'elle ne dure pas trop longtemps...

3

Trahi par un collier de serrage

Deux mois déjà ! Toujours rien de fâcheux à l'horizon. Au contraire. Une bonne nouvelle, émanant d'une source sûre et « proche du dossier », nous a assez largement rassérénés. Les fameuses caméras en hauteur qui, selon plusieurs chaînes de la TNT, auraient « capté des images diffuses de malfaiteurs en fuite » n'étaient rien d'autre que du flan. Pour une bonne et simple raison : elles sont le plus souvent déconnectées afin de préserver l'intimité et la tranquillité des locataires de ces meublés de luxe. Une aubaine !

Le calme plat de ces dernières semaines semble confirmer l'information. Je me sens d'autant plus léger que les copains m'ont donné rendez-vous dans mon quartier au lendemain du casse. À la fois pour se rassurer et constater que j'étais bien rentré, sans encombre, avec le matos. Mais aussi – et surtout – afin de récupérer les bijoux. Depuis, ceux-ci dorment en lieu sûr. Ils attendent ainsi de passer par la case recel. L'avant-dernière phase, essentielle, qui suit un braquage et précède celle que tout le monde attend : le partage du butin, converti en jolis talbins. D'ici là, tout le monde a été enjoint à se mettre au vert ou en sommeil. Le temps que l'emballement médiatique et populaire retombe.

J'attends donc patiemment ce second et dernier rendez-vous, annoncé pour la mi-décembre. Depuis que je me suis débarrassé du téléphone mobile de la star, j'ai aussi pris soin de brûler dans un endroit tranquille, loin des yeux et des oreilles indiscrets, les fringues que je portais lors de l'opération. Je ne conserve plus rien de compromettant par-devers moi. Enfin presque : juste mon ADN. Mais ça, personne n'y peut rien.

Surpris en terrasse

Un peu avant la date prévue, les « signaux de fumée » me parviennent : on me demande de retrouver les autres dans un café qui jouxte l'hôpital Saint-Antoine, à proximité du faubourg du même nom.

Le jour venu, la fine équipe est là. Au grand complet. Il y a même des gens que je ne connais pas et n'ai jamais vus. Avec les cinq exécutants présents sur site, la nuit du braquage, cela fait tout de même du monde, me dis-je, mal à l'aise, en me renfrognant un peu dans mon coin. Pas franchement la meilleure option pour la jouer incognito... Mais la seule info essentielle – de taille – de cette réunion a tôt fait de me remettre de bonne humeur. Je serai payé avant les fêtes de fin d'année. Joli cadeau d'étrennes !

Nous avons tous tort de nous réjouir. Notre quasi-conférence de presse, au grand jour, dans un quartier fort animé de Paris, ressemble à un suicide. Elle va sceller notre sort, déjà plus que compromis, ce que nous ignorons encore.

Comme pour rajouter à l'imprudence, mes camarades ont jugé pertinent d'organiser nos échanges en terrasse. Au vu et au su de chaque passant. En plein mois de décembre. Peut mieux faire...

À dire vrai, cela ne changera pas grand-chose. Car à l'heure même où se déroule cette satanée réunion, les enquêteurs de la Brigade de répression du banditisme disposent déjà des empreintes ADN de l'un d'entre nous. En partant de cet indice, ils n'ont guère eu de peine à le pister puis, dans un second temps, à identifier l'ensemble des membres de l'équipe.

Depuis plusieurs jours déjà, l'un de leurs « sous-marins » s'est d'ailleurs accroché à mes basques. Mes complices ne sont pas mieux lotis. Ses talents de cinéaste feront le reste : il faut croire que le type est un pro, car quelques semaines plus tard, des images de cette fameuse rencontre tourneront en boucle sur toutes les chaînes de télévision.

Il a bien travaillé, je ne peux que le reconnaître. Et totalement à notre insu, de surcroît. Les faits parlent d'eux-mêmes : tous les protagonistes de la réunion-suicide tombent, avant d'être mis en examen.

Rien n'arrête le FBI

Selon la version officielle, j'aurais pour ma part été repéré, puis localisé, grâce à la plaque d'immatriculation de ma voiture personnelle. Fidèle à mes habitudes, j'ai pourtant pris la précaution de la garer deux stations de métro plus loin. Puis de finir le parcours avec ce moyen de transport.

Fariboles...

J'apprendrai le moment venu le véritable fin mot de l'histoire. La BRB (Brigade de répression du banditisme) a, en fait, pu recueillir mon ADN sur le collier de serrage Rilsan cranté avec lequel j'ai aidé un complice à lier, dans son dos, les mains du gardien de l'immeuble de luxe, la nuit du braquage. Étonnant, dans la mesure où nous portions tous des gants. Pour ma part, j'en avais même superposé deux paires ! Mon côté perfectionniste. On ne se refait pas.

Alors, vous voulez connaître mon premier scoop ? Mon avocat est formel : rien n'arrête le FBI, ni ses technologies avant-gardistes. Même si, cocorico, la BRB et le laboratoire de la police criminelle auraient, soi-disant, réalisé seuls cette prouesse. Et moi qui croyais que le Federal Board of Investigation n'avait pas vocation à officier au-delà des frontières des États-Unis d'Amérique... En principe.

Cela dit, mon ADN figurait bel et bien dans leurs archives, depuis un hold-up opéré en Belgique, par le passé.

Sur la foi d'images de ma silhouette, connue de leurs services, les policiers n'ont guère eu de mal à recouper l'ensemble des indices concordants qui m'accusaient.

Le problème, avec votre passé, c'est qu'il vous colle aux semelles tout au long de l'existence. Truands ou honnêtes gens, personne n'y échappe.

J'aurai l'occasion de vous en toucher deux mots...

4

« Une star, la femme d'un rappeur américain »

Je connais la Pince depuis une vingtaine d'années. J'ai toujours apprécié ce type. Il a des couilles, est intelligent et surtout franc du collier. Un vrai gangster à l'ancienne. À plusieurs reprises, on s'est fréquentés puis perdus de vue, avant de se retrouver. Bref, la vie quoi...

Pourquoi lui ai-je donné ce surnom ? Parce que lorsqu'il se lance sur un coup, il n'abandonne jamais et va jusqu'au bout. Sans lâcher prise et quoi qu'il en coûte. Mais si, pour lui, la fin justifie les moyens, il m'a montré, à maintes reprises, qu'il privilégiait certaines valeurs avec lesquelles, dans le milieu, on ne transige pas. Et puis, la Pince, ça colle bien aussi avec son prénom.

Ce jour d'été 2016, peu de temps avant les vacances, je ne me pose donc aucune question quand il m'appelle au téléphone pour me fixer un rendez-vous sur Paname. Laconique, il conclut notre bref échange en assurant :

— Je dispose d'un renseignement intéressant. C'est béton.

Dans l'arrière-salle du café parisien où je le rejoins le lendemain, la Pince affiche un visage fermé. Ses précautions inhabituelles et son air de conspirateur ne laissent guère planer de doute à mes yeux. Mon vieux pote va me proposer une « affaire ». Le simple fait de se retrouver ainsi face à face, tous les deux, devant nos cafés, signifie qu'il s'estime fondé à considérer qu'elle est jouable. Et que le « recrutement » a commencé.

Un casse ! En plein Paris. Comme autrefois. L'excitation me picote l'échine.

— Si tu es intéressé, bienvenue dans l'équipe ! me lance-t-il.

Avant de préciser :

— Je te préviens, c'est une star. La femme d'un rappeur américain.

Je n'en saurai pas davantage et m'abstiens d'insister, au risque de le voir se refermer comme une huître.

Mes futurs complices ? Je ne les connais pas plus que ça. Hormis les anciens. Pas un problème pour moi, dans le sens où leurs réputations font caution. Nul amateur ni mythomane, ni, et moins encore, « danseuse » susceptible de s'évanouir dans la nature, le jour J, parmi les gars retenus par la Pince. Rien que du solide.

Ce qui m'ennuie davantage ? Le contexte. La France, depuis plusieurs semaines, fait face à une sale période d'attentats terroristes. Les flics sont partout. Nerveux, aux aguets, attentifs à toute situation inhabituelle. Très vite pourtant, nos premières réunions vont dissiper mes réserves et appréhensions. Nous avons pris en compte ces paramètres peu engageants. Pas question, par exemple, de circuler à plusieurs en voiture à proximité du futur théâtre d'opérations. Nous procéderons en vélos tout-terrain ou à pied.

Des petits vieux en éclaireurs

Culotté mais efficace, selon moi. Cela dit, le meilleur réside dans les moyens dédiés aux nombreux repérages que nous allons effectuer. La phase préalable au braquage. Indispensable, mais complexe, du moins le pensons-nous dans un premier temps. Car l'hôtel particulier que nous avons ciblé se trouve à deux pas de la Madeleine, des grands magasins et des innombrables boutiques de luxe.

Les faits nous contrediront bien vite. D'abord, parce que rien ne vaut la foule pour se fondre dans un confortable incognito. Ensuite parce qu'au lieu de nous exposer à visage découvert devant les caméras qui parsèment ce quartier touristique, nous décidons de dépêcher sur place plusieurs couples de braves petits vieux. Quoi de plus rassurant que des personnes âgées, aussi paisibles qu'anonymes, afin de glaner le maximum de renseignements sur place ?

Du cousu main...

Toutes seront rétribuées à leur juste valeur pour les services rendus. Mais aucune n'a jamais été inquiétée.

Plus risqué et tout aussi nécessaire : la reconnaissance des lieux. Cette fois, ce sont des membres de l'équipe qui s'y collent. Avec un impératif : franchir la porte d'entrée sur rue. Mais la proximité immédiate d'un musée, ouvert au grand public et très fréquenté, justifie d'innombrables allées et venues de gens divers et variés dans ce périmètre.

Une sacrée aubaine.

Autre motif de – grande – satisfaction : ces observations puis les incursions sur site ne tarderont pas à dissiper l'un de nos principaux soucis. La porte sur rue, susceptible à tout moment d'être verrouillée, ou bien soumise à un accès réglementé, demeure en permanence ouverte. Plusieurs visites à différents horaires, y compris de nuit ou au petit matin, permettront de le confirmer. Inespéré !

Avec le même soulagement, nous avons pu observer que si l'accès à l'enceinte se révélait impossible au volant d'un véhicule à moteur, il ne posait aucun problème à pied ou en VTT. Un aspect essentiel. En tous points raccord avec nos options initiales.

Plus inquiétant en revanche, nos repérages ont révélé la présence des deux fameuses caméras en hauteur, censées dissuader les importuns. Du flan ! Nous découvrirons, grâce à plusieurs indices concordants, bientôt corroborés par une source interne, qu'elles n'ont qu'une vocation dissuasive.

Presque trop facile. Pour nous autres, truands confirmés, pénétrer dans cet hôtel particulier, cossu et tape-à-l'œil, à un jet de pierre de la Madeleine, ressemble à une formalité. De ce point de vue, les choses se présentent donc au mieux.

Sur la piste de notre fashion princess

La deuxième phase préparatoire, aussi minutieusement menée que la précédente, commence alors. Elle va nous permettre de nous pencher sur l'emploi du temps de notre mystérieuse « star virtuelle » – dont je ne découvrirai l'identité qu'au lendemain du jour J.

À titre personnel, j'ai participé à plusieurs séquences de repérage. Je sais déjà, en revanche, que je n'aurai pas à m'impliquer dans la neutralisation de la cible, qui échoit à deux de mes comparses. Cela me va bien comme ça.

Demeurent deux éléments fondamentaux : être certains qu'elle se trouve bien présente sur les lieux quand nous déciderons de passer à l'action. Et s'assurer que ses bijoux – qui ne la quittent guère, ai-je cru comprendre – y sont aussi. À défaut de connaître son nom à ce stade des opérations, j'ai appris qu'elle arborait à l'un de ses doigts une bague de fiançailles, offerte par son rappeur de *boyfriend*, d'une valeur vénale de 4 millions de dollars. Excusez du peu !

Le reste ? Du bonus, pensons-nous. Sa Rolex – à 40 000 euros l'unité tout de même – ainsi que quelques breloques et pendentifs, ne représentent pas à proprement parler une somme mirobolante, par comparaison. La surprise n'en sera que plus belle quand nous découvrirons les nombreux bijoux, de fort belle conception aux futurs dires d'experts, prêtés par plusieurs grandes maisons de haute couture. Avec ça, le montant total du casse atteindra les 9 millions d'euros.

Joli jackpot. Mais n'allons pas trop vite en besogne.

Outre nos papis et mamies-espions, nous avons décidé, afin de mener à bien l'étape stratégique de la préparation, de nous attacher des informateurs internes. Le dossier d'instruction mettra notamment en cause le frère du patron de la boîte de location de voitures choisie par la star et son entourage. Pour certains, il n'aurait en fait que signalé à mes amis la venue de Kim Kardashian dans la capitale, à l'occasion de cette Fashion Week automnale dont raffolent les élégantes des deux côtés de l'Atlantique. Ainsi, bien sûr, que la présence de la fameuse bague à son doigt. D'autres laissent entendre que ce sémillant jeune homme serait allé jusqu'à nous donner le top, au soir du 3 octobre, pour passer à l'action[1]. Je ne saurais me montrer affirmatif sur ce point.

Petit indice : nous nous sommes assurés du départ, la veille du casse, du mari de la star, dont j'apprendrai qu'il s'agit du rappeur Kanye West, grâce à une surveillance ponctuelle sur place. Nous savions aussi que la mère et manager de l'intéressée, une ex-actrice, résidait de son côté au Plaza Athénée. Quant aux autres protagonistes, la sœur de notre cible, son garde du corps ainsi que le chauffeur de la limousine, leur virée en boîte de nuit, à une heure avancée de la soirée, nous a été confirmée en temps réel. De source (très) bien informée. Alors que nos petits vieux étaient déjà couchés depuis longtemps.

Libre à chacun d'en tirer ses propres conclusions...

*

1. Cette thèse sera reprise par la quasi-totalité des médias, des deux côtés de l'Atlantique. À juste titre cette fois.

L'alignement des planètes, tant espéré, survient dans la nuit du 3 octobre 2016. Enfin ! En moins de temps qu'il ne faut pour le dire, tous les voyants lumineux de notre tableau de bord passent au vert.

Un coup de téléphone diffuse l'info attendue : la cible, que certains parmi nous ont baptisée avec un brin d'ironie la « star virtuelle », sans plus de détails, s'apprêterait à regagner son appartement. L'affaire de quelques minutes, précise notre source. Sa sœur, le gorille (réquisitionné pour la protection de cette dernière) et le chauffeur de la limousine auraient, quant à eux, mis le cap vers une boîte de nuit branchée. De son côté, la mère, claquemurée au Plaza Athénée, a manifestement prévu de passer la soirée au calme.

De repérages en planques, de rotations en rapports de nos espions, à force de peaufiner tous les détails matériels, logistiques, techniques et bien sûr humains, notre coup tendrait presque, maintenant, à ressembler à une horloge suisse. À la manière des commandos, nous avons attendu patiemment que la totalité des paramètres définis comme majeurs soient en phase. Pourtant, même en procédant de la sorte, moult grains de sable viendront se glisser dans le moteur, puis gripper notre belle mécanique. C'est d'abord une secrétaire, inconnue de nous, qui se trouve présente sur le théâtre d'opérations, aux côtés de la star virtuelle. Puis le sac trop lourd pour la roue arrière de mon vélo, déjà mal en point, car il contient la totalité des bijoux, que je n'avais pas vocation à transporter en vertu du plan initial. Une liste loin d'être exhaustive.

Mais nous bénéficierons aussi de circonstances favorables. La principale : notre vedette, lestée de sa précieuse cassette, a donc choisi de faire bande à part. Quitte pour cela à abandonner son entourage le plus proche afin de regagner ses pénates. Seule, à part sa secrétaire.

L'ouverture. Presque inespérée...

Aux alentours de 2 heures, le top départ suit l'annonce de son arrivée à destination. Action !

À cet instant précis, nous sommes trois, face à la grande gare de l'Ouest parisien, à enfourcher avec un ensemble touchant nos VTT, après avoir enfilé nos gilets réfléchissants. Le trajet, répété tant de fois, sur la contre-allée reliant Saint-Lazare à la Madeleine, nous paraît bref. La porte sur rue est ouverte. Pas de surprise intempestive. Nous entrons sans que personne ne nous dérange. Après avoir stationné nos vélos contre le mur d'un couloir extérieur, hors de la vue de quiconque, nous enfilons nos K-way floqués « Police », avec casquettes assorties, puis nos cagoules – sauf l'un d'entre nous, qui doit se présenter devant le concierge – en ayant soin d'emporter la canne télescopique prévue pour neutraliser les deux caméras en hauteur.

Notre intrusion dans l'enceinte de l'hôtel particulier, étape capitale, va alors se dérouler comme dans du beurre. Plus que facilitée, il faut le reconnaître, par nos accoutrements.

Le « sans cagoule » passe le premier, puis tambourine sur le battant de la porte d'entrée en criant d'une voix forte :

— Police ! Ouvrez !

Le gardien, confiant, obtempère sans faire d'histoires. Par quel miracle ? Simple comme bonjour. Parce qu'une précédente descente de la brigade des Stups – récente et tout à fait réelle, celle-là – avait été effectuée. Pourquoi ? À cause de la libre et fréquente circulation de cocaïne en ces lieux si sélects. Des rendez-vous assez prisés – si j'ose dire – dans le show-biz. Sans être licites pour autant. Une habitude pour ces poulets spécialisés. Conséquence logique, un quarteron de dealers parisiens avait son rond de serviette dans ce somptueux cénacle. Et dire que celui-ci se voulait dédié à la tranquillité de people connus et adulés ! Risible.

Encore un coup de chance pour nous ? Pas vraiment, car nous disposions de cette précieuse information ce qui, par parenthèse, accréditerait plutôt la théorie de la source interne. Mais moi, ce que j'en dis...

Sans l'ombre d'un doute, elle s'est, de fait, révélée payante. Dans ce genre d'opération, chaque détail, positif ou négatif, compte. Aucun truand chevronné ne peut l'ignorer. Celui-là aura été fatal à l'infortuné gardien – un Algérien anglophone mais en situation irrégulière – prestement licencié après le braquage, puis renvoyé dans son pays d'origine à l'issue de son interrogatoire. Pourtant, le juge d'instruction n'hésitera pas à traverser la Méditerranée, dans le cadre de son enquête, afin d'y recueillir d'autres déclarations de sa part. Rien n'arrête la justice...

À la lumière de cette anecdote, peu glorieuse et dommageable à la réputation de l'établissement concerné, certaines voix – autorisées parfois – se sont élevées afin de déplorer, je cite, le fait que nous ayons, en la circonstance, « humilié la France ». Même si le contexte de l'époque ne se prêtait guère à une baraka – dans un premier temps du moins – aussi insolente, faudrait pas pousser mémé...

Mais revenons-en au film des opérations.

Le concierge ouvre toute grande la porte, puis nous laisse entrer. Comme dans un film déjanté de Tarantino, cézigue nous demande alors avec candeur :

— C'est encore pour la coke, messieurs ?

Pour toute réponse, nous le maîtrisons en douceur, sans la moindre résistance de sa part, lui liant les poignets à l'aide d'un collier Rilsan. Opération à laquelle je participe, avec les funestes conséquences que l'on sait. S'ensuit un premier interrogatoire, plutôt détendu, après que le gus, rassuré, nous a fait promettre de ne lui faire aucun mal. Sommé de nous dire dans quelle chambre se trouve la star, il s'exécute.

À ce moment, la seconde équipe, composée de deux complices venus à pied, nous a rejoints. Une fois la voie rendue libre. Tandis que mes acolytes cyclistes montent à l'étage, flanqués du concierge aux mains liées, je reste pour ma part au rez-de-chaussée avec les nouveaux arrivants.

Jusque-là, tout s'est déroulé comme dans un rêve. Trop simple ? Plus pour longtemps. Le patient et minutieux montage de l'opération était censé laisser le moins de place possible aux impondérables. La bonne blague ! Outre la roue arrière de mon vélo qui d'emblée a donné de la bande, une mauvaise surprise nous attend : la présence totalement imprévue, qui a échappé à notre « Gorge profonde », de la fameuse secrétaire.

La vérité m'oblige à l'avouer : nous ne l'apprendrons que plus tard. Alertée, après notre intrusion, par le remue-ménage au rez-de-chaussée de l'appartement, calfeutrée dans la salle de bains, la malheureuse s'évertuera, tout comme sa patronne, à donner l'alarme avec son téléphone portable. Ce seul détail suffit d'ailleurs à battre en brèche la fable – pourtant ressassée en boucle par de nombreux médias – de la star planétaire ligotée dans la baignoire. Pour une raison simple : nos deux gars se seraient alors retrouvés nez à nez avec la dame de compagnie qui s'y cachait. Or, la rencontre ne s'est jamais produite. À ma connaissance, du moins. Je l'aurais su...

C'est heureux pour celle-ci. Et pour sa célèbre employeuse qu'elle a, sans doute, ainsi pu libérer après notre départ.

Nos deux beautés fatales s'obstineront longtemps, ensuite, à composer le 911. À savoir ? Le numéro d'urgence de la police aux États-Unis. Pas très efficace, quand on se trouve à Paris...

S'il semble probable qu'elles ont aussi tenté de joindre la sœur et le garde du corps, partis en discothèque, tout laisse supposer que ces derniers, dans le vacarme ambiant, n'ont pas entendu sonner leurs mobiles. Tant mieux pour nous ! Ces précieuses minutes gagnées permettront à l'équipe d'obtenir l'intégralité des valeurs, et ce, entre gens de bonne compagnie. Enfin, presque[1].

4 millions de dollars la bague, et plus si affinités

En quelques minutes, notre tandem de monte-en-l'air a rempli sa mission. Neutraliser la locataire des lieux puis lui subtiliser les bijoux qu'elle conserve toujours à portée de main. Le tout sans violence. Un aspect essentiel du contrat.

Nos complices à peine redescendus, je leur demande si tout s'est bien passé. Si j'en crois leur récit, complaisamment relayé depuis – glamour oblige – par les médias, et exact cette fois, ils l'ont découverte assise en tailleur sur la moquette de sa chambre, pieds nus et vêtue d'une ample chemise de nuit en voile léger pour couvrir sa nudité. Sur chacune de ses oreilles, cette jolie femme brune, plutôt petite mais nantie, selon le tandem, de cheveux et de formes hors norme, applique un téléphone portable. Mais elle ne paraît pas engagée dans des conversations. Au moment de leur intrusion, elle ne semble d'ailleurs pas spécialement effrayée. Leurs confidences en font foi.

Dès lors qu'elle a compris qu'on n'en voulait pas à sa vie, notre hôtesse involontaire se serait même montrée assez conciliante. La bonne volonté du concierge et ses talents de traducteur ont fait le reste. Pour preuve : en dépit d'une rumeur, aussi fausse que persistante, la star virtuelle n'a jamais tenté de dissimuler à la vue de nos camarades, dans la précipitation, sa coûteuse bague – « *the ring* », comme notre cicérone d'un soir l'aurait réclamée poliment – à 4 millions

1. Kim Kardashian, dans une conférence de presse mise en scène par ses soins six mois après les faits, n'hésitera pas à affirmer – en contradiction avec l'ensemble des autres témoignages recueillis – avoir été victime de menaces à main armée (voir note p. 59-60).

de dollars. Un gros diamant, sans fioriture particulière, de 19,85 carats, dira l'un de nos experts en la matière.

Miss Kardashian la leur a remise sans barguigner. Puis elle a consenti à se séparer de sa cassette à bijoux. Le cœur serré, cela va de soi.

Après lui avoir demandé de s'allonger sur le lit – et non dans la baignoire comme certains, dotés d'une imagination fertile, s'obstinent contre toute logique, je le répète, à l'affirmer – les gars lui ont à son tour lié les mains, avant de prendre congé.

Au terme d'un ultime échange verbal avec la dame, le gardien nous indique alors que celle-ci prétend avoir eu le temps de joindre son garde du corps. Lequel arriverait ventre à terre[1].

Bien que sceptiques et peu impressionnés par son allégation, nous décidons de feindre de le croire. Pourquoi ? Parce qu'à cet instant précis, nous sommes au complet, en possession de la totalité des bijoux, soit 9 millions d'euros ainsi que nous l'apprendrons assez vite, et sans aucun dérapage à déplorer. Bref, le coup a parfaitement réussi. La décision s'impose d'elle-même : on met les voiles.

Malgré la tension, palpable depuis quelques minutes, nous quittons les lieux, soulagés et contents. Les deux équipes se séparent. Puis prennent des directions opposées et repartent comme elles sont venues. Les uns à pied, les autres à vélo.

Opération terminée.

NOTE

Dans un article publié le 4 octobre 2018, soit deux ans, jour pour jour, après les faits, *Le Figaro* rapporte que l'assurance américaine de la famille Kardashian aurait réclamé 6,1 millions d'euros à son ex-garde du corps. Motif invoqué : « Celui-ci aurait failli à sa mission de pro-

---

1. Voir note ci-dessous.

tection ainsi qu'aux responsabilités en découlant. » Le détail des griefs, émis par la compagnie Insurance American International Group dans son assignation en justice, déposée auprès d'un tribunal de l'État du Delaware à l'encontre de la société Protectsecurity, pour non-respect de contrat, mentionne, entre autres reproches, que : « AIG affirme que des failles de sécurité, constatées notamment par les services de police français, ont permis aux truands de pénétrer dans l'appartement de Kim Kardashian. Or, celles-ci, parfaitement visibles, n'avaient pas été signalées par la société en charge de sa protection. » Et de citer : « Un verrou manquant, sur le portail de la cour donnant sur rue, un interphone défaillant, ainsi que le non-fonctionnement des deux caméras de surveillance. » La plainte évoque également le fait que « le concierge de l'hôtel particulier n'ait pas reçu de formation spécifique aux consignes de sécurité ». Mais – et davantage encore que les manquements suscités – la compagnie d'assurances déplore d'« avoir à reprocher à M. Pascal Duvier d'avoir laissé Kim Kardashian seule dans sa résidence hôtelière du quartier de la Madeleine, à Paris, dans la soirée du 4 octobre 2016 et ce, afin d'accompagner sa sœur, Kourtney Kardashian, en boîte de nuit ». Et *Le Figaro* de conclure : « Les 6,1 millions d'euros réclamés par la compagnie d'assurances correspondent au montant qu'elle a dû rembourser à la star [source : *TMZ*, site d'actualité consacré à la vie de célébrités]. Rappelons que le butin n'a jamais été retrouvé. Mais les enquêteurs ont cependant pu saisir d'importantes sommes d'argent. » Voir, à ce sujet, les informations – exclusives à ce jour – délivrées dans le chapitre suivant.

5

« On les a tous ! »

— Quelle chipie ! Ce n'est pas possible.

Seul devant mon écran, j'ai laissé tomber l'interjection presque malgré moi. Une réaction totalement inhabituelle. Presque digne de Farida quand elle regarde l'un de ses feuilletons télé favoris.

Aurais-je déraillé, depuis notre équipée nocturne de la Madeleine ? Je commence à me le demander. Deux semaines se sont écoulées, et pas un jour sans que le nom de Kim Kardashian vienne me trotter dans la cervelle. Pour être honnête, je ne savais rien ou presque de cette fille avant de participer au braquage de ses bijoux, en plein Paris, avec mes acolytes.

Mon Amérique à moi, comme disait notre Johnny national, c'est celle d'Elvis, de Roy Orbison et de Chuck Berry. À la rigueur, encore, le *groove* de Michael Jackson. Ensuite ? Rideau ! Si je ne suis pas manchot devant un ordinateur, et client à mes heures de certains réseaux sociaux, j'étais jusqu'à présent tout à fait hermétique à l'univers des stars virtuelles, influenceurs et autres lanceurs d'alertes tendance *fashion victims* sévissant outre-Atlantique. Un petit monde qui ne me parle pas.

J'étais... Car depuis notre casse (trop) réussi, tout a changé. Non content de glaner le maximum d'informations sur « la »

Kardashian, voilà maintenant que je me surprends à regarder, et sur une chaîne privée US s'il vous plaît, un programme mi-série mi-documentaire, tartignolle au possible, inspiré de sa vie et de celle de sa famille. De la guimauve pour jeune fille prépubère. Sauf que le père Yunice se retrouve là, comme scotché à son écran. Incroyable !

Dans cet épisode, je l'ai vue jeter, avec une moue de dédain digne d'une gamine capricieuse, sa fameuse bague que je connais maintenant si bien, dans une piscine, près de laquelle elle se prélassait sur sa serviette, en minaudant qu'elle n'en voulait plus. Une manière de signifier à son *boyfriend* de ce feuilleton à l'eau de rose leur séparation imminente. Le bougre a alors balbutié une complainte assez pitoyable, puis s'est tiré la tête basse. Mortifié. Candidat suivant !

Plus fort encore : au moment précis où j'ai vu apparaître la miss à l'écran, j'ai ressenti une sensation bizarre. Comme une irrépressible envie de me cacher. Ne serait-ce que pour l'empêcher de me reconnaître, alors que nous ne nous sommes pas croisés. Une sorte de sentiment de culpabilité, niché dans un recoin de ma tête, et qui viendrait d'en surgir sans crier gare. Du jamais vu !

Face à cette scène surjouée et surréaliste, je n'ai pu éviter de penser que le personnage virtuel ne devait pas être si éloigné que ça de la réalité.

Et après ?

La vérité, c'est que mon état ne doit rien au hasard. Que cela me plaise ou non, je ne suis toujours pas tranquille. Et le fait que tout ne se soit jusque-là plutôt pas trop mal passé ne change rien à l'affaire. Certes, les commentaires et discussions de comptoir que j'entends çà et là vont bon train et ne nous sont pas hostiles, le plus souvent. Au contraire. Mais j'ai des inquiétudes. Beaucoup de questions, à cette heure, restent en suspens. Avons-nous été filmés à notre insu ? Les enquêteurs, que j'ai appris à ne jamais sous-estimer, ont-ils relevé des traces ADN dans l'hôtel particulier, théâtre de nos exploits ? La pression médiatique et le contexte toujours aussi lourd, après les attentats islamistes de Paris, jouent-ils tant que cela en notre défaveur ? Difficile à dire. Mais j'ai conscience que cette affaire, qui défraie la chronique, sort de l'ordinaire. Et que mon avenir de truand récidiviste pourrait sérieusement s'assombrir si les choses venaient à se gâter. Bref, je ne me sens pas dans mon assiette. Tant au niveau physique que psychologique.

Comme une mauvaise nouvelle n'arrive jamais seule, mon état de santé, déjà pas folichon avant le braquage, s'est aggravé. Une visite chez mon cardiologue, le 10 décembre, le confirme. Ce praticien hors pair, d'origine séfarade, que j'apprécie beaucoup et qui a toute ma confiance, se montre formel. Problème de valve. Pas une nouveauté. Mais cette fois, il décide de me faire hospitaliser.

— En observation, pour procéder à des examens approfondis, me précise-t-il.

Le diagnostic tombe, sans appel : il faut changer la pièce périmée. Avec pontage coronarien en prime. Et le plus tôt sera le mieux.

J'accuse le coup. Pas franchement le moment de voir les bleus de trop près...

Une part du butin pour Noël, une paire de bracelets au Nouvel An

Vers la mi-décembre, peu de temps avant les fêtes, une bonne nouvelle a tout de même fini par venir égayer un peu le paysage. Pas trop tôt ! Tout comme les copains, j'ai touché une fraction de ma part du butin – en numéraire – et ce à mon domicile. Au nez et à la barbe de la BRB qui, j'en ai la nette intuition, nous surveille déjà. Mais mon pessimisme persiste, car j'ai de bonnes raisons pour cela.

Curieusement, j'éprouve une étrange prémonition : je sais que je ne profiterai jamais de ces jolis talbins tout neufs. Ce sentiment diffus se trouve conforté par des faits objectifs. Des bribes d'échanges captées à la volée, et au hasard, par mes chastes oreilles, dans mon café de prédilection, où je me sais plus fliqué que jamais.

À plusieurs reprises, en sortant de chez moi, j'ai en outre cadré une fourgonnette blanche ornée d'une large publicité pour un ébéniste parisien. Je n'en avais jamais entendu parler auparavant, durant mes trente années passées dans cette commune. Un « sous-marin », dit-on dans le métier. Avec tout le matériel nécessaire à l'observation, voire à l'écoute d'un suspect, ainsi que des poulets spécialisés à l'intérieur.

Ce cirque commence vraiment à sentir le pâté rance.

Et voilà qu'un jour, au café, je passe à côté d'une table où deux types sont en pleine conversation. Aussi incroyable que cela paraisse, j'entends prononcer le nom de « Kardashian » et ouvre alors grand mes écoutilles. Attentif, puis accablé, je perçois distinctement, dans le brouhaha ambiant :

— On les a tous ! On attend juste de récupérer les pièces à Anvers et c'est tout bon.

Le tandem semble content et sûr de son fait. Abasourdi, j'en déduis qu'il s'agit de flics inconnus de moi. Ainsi donc, mes appréhensions sont fondées. Pourtant, quelques doutes m'habitent encore.

Sur la foi des dernières infos émanant de mes camarades, les bijoux auraient bien été traités, mais dans le sud de l'Italie. Une allégation qui se révélera fausse. Le tuyau des condés est le bon. Sauf qu'ils devaient avoir un sacré train de retard avant d'atteindre Anvers puisque, si je ne m'abuse, personne n'a jamais récupéré les bijoux, depuis cette imprudente bravade. Ceux-ci s'y trouveraient peut-être encore. Mais ce n'est que mon avis. Tout cela, bien sûr, reste entre nous...

Attendu que l'équipe a touché des billets sur ce recel, pour une valeur totale de 1,7 à 1,8 million d'euros, le calcul n'est pas difficile à faire. Même si, ainsi que le prétendent de mauvaises langues, la fameuse bague de fiançailles offerte par le sieur Kanye West ne serait pas aussi pure que ça, près de 7 millions d'euros dormiraient donc toujours. En lieu sûr. Pas si mal pour un casse, prétendument banané, de « pieds nickelés[1] ».

Ces fêtes de fin d'année 2016, cela se confirme, seront placées pour moi sous le signe de la prudence. Dans tous les domaines. Pas question de flamber ni de mener grand train. Profil bas de rigueur.

Tout ceci va durer jusqu'à la fatidique matinée de mon interpellation, à laquelle je m'attendais depuis plusieurs semaines déjà. Il ne restait plus qu'à en connaître la date exacte. Ce sera le 9 janvier 2017.

Encore faut-il souligner qu'entre mon interpellation et le 13 février, quand je subirai – enfin – une intervention chirurgicale, compliquée, qui m'a probablement sauvé la peau, ma vie ne sera pas un long fleuve tranquille.

Mais vous devez vous en douter un peu non ?

*

Fatigué, mal en point et anxieux comme jamais, je passe en cet hiver 2016 de longues heures devant l'écran de mon ordinateur. J'y glane, avec avidité, tous les renseignements possibles sur la star virtuelle américaine que nous avons délestée de 9 millions d'euros de bijoux.

Presque trois mois déjà.

À retardement, j'éprouve un sentiment bizarre : sorte de mixte entre fierté, inquiétude, regret et impatience. Conscient maintenant d'avoir réussi un coup énorme, qui dépasse de

1. À l'heure où s'écrivent ces lignes, les principaux médias français évaluent à 250 000 euros les sommes recouvrées par les enquêteurs. Sur les… 9 millions d'euros dérobés.

loin tout ce que j'ai réalisé dans mon existence, je n'entrevois d'autre dénouement que celui qui se précise. Inexorable.

Faute de pratiquer la langue de Shakespeare – l'un des regrets de ma vie – j'utilise un traducteur en ligne, alternant sites français et anglo-saxons.

Morceaux choisis[1] :

Kimberley Noelle Kardashian West, née Kardashian le 21 octobre 1980 à Los Angeles (Californie), est la fille de Robert Kardashian et de Kris Jenner.

Son père, célèbre avocat d'origine arménienne, s'est notamment illustré en assurant la défense du joueur de football américain, O. J. Simpson, accusé du double meurtre de sa femme et de l'amant de celle-ci. Un procès, médiatisé dans le monde entier, qui a tenu en haleine les États-Unis pendant de longs mois. Il meurt d'un cancer de l'œsophage en 2003, à l'âge de 59 ans.

L'ancien sportif est le parrain de Kim.

Sa mère fut une actrice de renom, avant de devenir une redoutable femme d'affaires puis manager de sa deuxième fille. En 1989, lassé des infidélités de Kris, Robert Kardashian demande, puis obtient le divorce. Deux ans plus tard, celle-ci épouse Bruce Jenner, ancien champion olympique de décathlon – l'épreuve reine de l'athlétisme, qui regroupe dix disciplines. Après leur séparation, en 2013, l'ex-apollon des stades décide de changer de sexe. Il devient, en 2015, Caitlyn Jenner.

Ainsi va la vie de la famille Kardashian qui, de ce fait, s'est élargie.

La fratrie Kardashian-Jenner, issue des deux unions, compte désormais pas moins de dix enfants. Kourtney, l'aînée, Khloé, sa cadette, sœurs naturelles de Kim, et Robert Jr, son frère. Tous

1. Sources : Wikipédia (France) et *Forbes* (États-Unis).

quatre portent le nom de leur père. S'y ajoutent Kendall et Kylie, sœurs utérines de Kim, ainsi qu'une belle-sœur, Casey, et trois beaux-frères : Burt, Brandon et Brody. Les enfants Jenner.

Adolescente, Kim étudie au très chic lycée catholique pour filles Marymount High School, de Los Angeles. Petite par la taille (1,59 mètre), mais grande par l'ambition, et dotée d'un physique plutôt attrayant, la jeune fille se lie bientôt avec Paris Hilton, riche héritière de la chaîne hôtelière de luxe du même nom, connue dans le monde entier. Celle-ci défraie déjà la chronique des médias people par ses frasques et son train de vie démesurément dispendieux.

Un exemple que Kim ne va pas tarder à suivre.

Entre la grande blonde mince et filiforme, et la bombe latine dont le physique évoque davantage celui d'actrices sud-américaines, plantureuses et sexy, l'amitié se mue bientôt en rivalité. Mais contrairement à ce que pensent les journalistes spécialisés des gazettes people, l'élève finit par surclasser la maîtresse. Non sans laisser derrière elle un parfum de soufre.

Kim reste peu connue du grand public jusqu'à ce qu'éclate un premier scandale, au début de l'année 2007. Vivid, studio de production de films pornographiques, publie alors une sextape dans laquelle elle apparaît nue. Celle-ci, tournée en amateur, la met en scène en compagnie du chanteur de R&B Ray J. Les conditions, controversées, par lesquelles Vivid se serait procuré le document vidéo restent floues.

Mais la boîte de prod reconnaît avoir déboursé un million de dollars pour cela. J'en tomberai presque de ma chaise.

Kim revendique alors les droits avant d'intenter un procès. Qu'elle gagne. Puis, quelques semaines plus tard, cède ceux-ci au terme d'une transaction qui lui rapporte 5 millions de dollars.

« Une femme d'affaires », me dis-je. Dans la droite ligne de sa mère. Avant de replonger dans ma lecture, toujours aussi intéressé.

2007, année charnière pour Kim, lui permet d'apparaître, au mois d'octobre, dans une émission de téléréalité, sur la chaîne privée E!: « L'Incroyable Famille Kardashian ». Cette série montre sa vie, et celle de sa famille, au quotidien.

Le nanar à l'eau de rose dont j'ai pu suivre un épisode sur une chaîne du câble. Reprenons.

Elle apparaît ensuite dans le clip « Thanks For The Memories », du groupe Fall Out Boys. Puis accepte de poser pour l'édition « spécial célébrités » du numéro de décembre du magazine Playboy.

En 2008, on la découvre intervieweuse au « WrestleMania XXIV », le grand show de la WWE, principale chaîne spécialisée dans le catch. Puis elle participe à l'émission de téléréalité « Dancing with the Stars 7 ». Elle est éliminée dès la deuxième semaine, avec son partenaire Mark Ballas. Enfin, le grand écran lui ouvre ses portes, cette fois pour y partager l'affiche avec Matt Lanter et Vanessa Minnillo dans Film catastrophe, *une parodie qui ne dépassera pas les frontières des États-Unis.*

Si j'en crois les nombreux biographes de la star virtuelle, l'année 2009 marque son avènement. En tant que produit marketing à très haute valeur ajoutée.

Dès janvier 2009, elle apparaît dans un épisode de la saison 4 de la série américaine How I Met Your Mother. *Quelques semaines plus tard sort un livre,* Kardashian Konfidential, *dans lequel les trois sœurs révèlent de nombreux secrets sur elles-mêmes. Puis Kim participe, avec sa sœur Kourtney, à l'émission « Kim and Kourtney in New York », qui montre le quotidien des deux femmes, après l'ouverture de leur troisième boutique de luxe dans cette ville (deux autres existent déjà, à Los Angeles et Miami).*

Dès lors, puis en 2010, les contrats publicitaires pleuvent sur les trois sœurs. Citons QuickTrim (produits amincissants), Perfect Skin (ligne de produits de beauté), Carl's Jr (chaîne de restauration rapide) et Shoedazzle.com (site de vente de chaussures en ligne).

La liste n'est pas exhaustive !

Suivent, successivement, la sortie d'un parfum baptisé Kim Kardashian, sur lequel elle travaille avec sa mère depuis huit ans ; puis une collection de bijoux, pour la marque Virgins, Saints & Angels, dessinée en collaboration avec Kourtney et Khloé, ainsi qu'une collection de vêtements dédiée à la marque Bebe. Kim devient, aux yeux du monde et de la presse people, la célébrité la plus médiatisée.

Bigre !

Fin 2010, elle se lance dans la chanson et sort un premier single *intitulé « Jam (Turn It Up) ». Le produit des ventes échoit à une association. Dans la foulée, début 2011, les trois sœurs présentent la Kardashian Kollection, pour la marque Sears, puis apparaissent dans sa campagne publicitaire.*

Et la campagne continue. Magique !

En mars 2012, Kim lance son quatrième parfum, True Reflexion, en collaboration avec la société Dress for Success, chargée de la promotion. Le mois suivant, E! renouvelle l'émission de téléréalité, « L'Incroyable famille Kardashian », pour deux saisons supplémentaires. Montant du contrat : 40 millions de dollars. En octobre, insatiable, Kim sort son cinquième parfum, Glam, en référence au glamour revendiqué de son style de vie hollywoodien. Celui-ci est commercialisé par la chaîne de grands magasins Debenhams.

Je rêve ! Les dollars, par millions, dansent devant mes yeux. Je vais finir par m'y noyer. La série est loin de se terminer.

Novembre : les sœurs Kardashian exportent leur Kardashian Kollection, puis une ligne de cosmétiques, Khroma Beauty, au Royaume-Uni. Succès immédiat, suivi d'un énorme engouement à travers le monde.

Fin mars 2013, sort le film Tentation : confession d'une femme mariée...

(Tout un programme ! Pas racoleur pour un sou, le titre...)

...qui marque son retour sur le grand écran. Dans ce récit, elle tient tête à Jurnee Smollett, Brandy Norwood et Vanessa L. Williams en haut de l'affiche. Recette enregistrée aux États-Unis : 53 millions de dollars. En France, le film est publié directement en DVD, le 22 août 2014. Quelques semaines plus tard, Kim apparaît dans la saison 5 des « Anges de la téléréalité », en tant qu'invitée de prestige. Elle pose ensuite pour le photographe Jean-Paul Goude, dans le magazine Paper. *En septembre, place à la saison 11 de la série* American Dad ! *où elle prête sa voix à l'un des personnages. Puis la vedette virtuelle lance le jeu en ligne « Kim Kardashian : Hollywood » sur iOS et Android. Le principe ? Comment devenir une star à Hollywood. Celui-ci est gratuit, mais regorge de bonus payants. Les cinq premiers jours suivant sa sortie, il sera téléchargé 1,6 million de fois, soit le cinquième jeu le plus téléchargé dans le monde sur l'application Store Mobile.*

Sur l'exercice 2014, la marque Kardashian Kollection a engrangé, via *Sears, 600 millions de dollars. Dans le même temps, les produits cosmétiques et de bronzage de sa boutique en ligne Dash ainsi que des messages sponsorisés sur Instagram et Twitter lui rapportent chacun entre 10 000 et 25 000 dollars…*

Me voilà presque dans les cordes. Vite : un grand verre d'eau fraîche !

2015-2016 : Kim Kardashian édite un livre de selfies de 325 pages, intitulé Selfish. *Puis elle commercialise une application d'emojis nommée Kimoji, sur Android et iPhone. Celle-ci est téléchargée 9 millions de fois en quelques minutes. Un raz-de-marée tel que le site AppStore doit être fermé à cause de la charge qui en résulte. Sachant que chaque connexion est facturée 1,99 dollar. Elle enchaîne par la couverture du magazine* Vogue, *édition espagnole. Ses produits estampillés Kimoji se vendent comme des petits pains. Avec ses sœurs, Kim produit l'émission « Dash Dolls », ainsi que d'autres créations, sur la chaîne E! Puis elle propose une application payante, centrée sur la mode, l'art de la photo et le maquillage. Réussite foudroyante. Adidas lui demande de dessiner plusieurs pièces de la collection de son mari, Yeezy, pour la marque.*

Pensez-vous, sérieusement, que tout ce barnum ralentit après sa mésaventure parisienne ? Bien au contraire ! Si j'en crois les mêmes sites, à l'heure où s'écrivent ces lignes, la *career woman* a vite repris le dessus.

Trois petits mois et puis revient[1] !

En 2018, Kim Kardashian apparaît dans la superproduction Ocean's Eight, *aux côtés de sa sœur Kendall Jenner, Rihanna et Cate Blanchett. Avec sa mère et ses sœurs Kourtney et Khloé, elle finalise la réalisation d'un dessin animé pour*

1. Voir note p. 59-60.

adultes sur leur vie, entreprise en 2017. Puis elle présente, flanquée de son époux, une marque de vêtements pour enfants, Kids Supply, inspirée et dessinée par eux-mêmes. En quelques heures seulement, la rupture de stock est totale. Scénario identique quelques semaines plus tard pour sa marque de cosmétiques Kylie Cosmetics, lancée avec sa sœur Kylie. L'engouement sur les réseaux sociaux est tel que 90 minutes suffisent à siphonner les stocks.

Le meilleur pour la fin :

Selon Forbes, *Kim Kardashian a amassé 28 millions de dollars en 2014, 48 millions de dollars en 2015 et 51 millions de dollars en 2016. Cette même année, sa fortune personnelle s'élevait à plus de 150 millions de dollars*[1].

La tête me tourne. Je lâche l'affaire. Un dernier détour par la rubrique « cœur » et puis s'en va.

De 2000 à 2004, Kim Kardashian a été mariée au producteur de musique Damon Thomas. Elle affirmera plus tard que ce dernier était violent, afin de justifier sa demande de divorce. Avant même que celui-ci soit prononcé, elle fréquente le rappeur Ray J, puis produit avec lui la fameuse sextape *en 2003. Laquelle sera piratée et mise en ligne sur Internet au début de 2007. « À l'insu de son plein gré » ? On ne le saura jamais.*

Après l'achat de sa maison de Beverly Hills, pour environ 5 millions de dollars, en 2009, elle débute une relation amoureuse l'année suivante avec le joueur de basket-ball Kris

1. En 2017, Kim Kardashian a gagné 45,5 millions de dollars. En 2018, après avoir collecté 67 millions de dollars, elle se trouvait à la tête d'une fortune estimée à 350 millions de dollars. (Source : *Forbes*, édition US.)

Humphries, épousé le 20 août 2011. Au terme de 72 jours de mariage, le divorce est demandé par les deux parties. Celles-ci mettront près de deux ans avant de trouver un accord. Soucieux d'éviter un procès, l'ex-couple obtient enfin la décision attendue, qui est prononcée le 3 juin 2013.

Depuis avril 2012, Kim partage la vie de son ami de longue date, le rappeur Kanye West. Elle tombe enceinte, en Italie, huit mois plus tard. À l'issue d'un accouchement difficile, une petite fille, North West, naît le 15 juin 2013 à Los Angeles. Le couple se marie le 24 mai 2014 à Florence (Italie). En 2015, la star annonce elle-même sa deuxième grossesse, très compliquée. L'enfant, Saint West, naît le 5 décembre 2015. Dans son émission « L'incroyable famille Kardashian », Kim révèle avoir subi une fausse couche, après la naissance de ce dernier[1].

Un braquage à 9 millions d'euros : record de France, catégorie sans violence

Aujourd'hui, quelques lignes s'ajoutent à cet imposant *digest* de la star virtuelle la plus riche – et célèbre – de la planète. Les voici :

Le 3 octobre 2016, lors de son séjour à l'hôtel Pourtalès, à Paris, pendant la Fashion Week d'automne, Kim Kardashian est agressée et volée dans sa suite par cinq individus déguisés en policiers. Le montant du vol s'élèverait à environ 10 millions d'euros. Les auteurs du braquage sont arrêtés le 9 janvier 2017, grâce à un relevé de traces ADN. Ce braquage sera l'événement le plus cherché sur Google tout au long de la même

1. La star virtuelle a, finalement, accueilli son troisième enfant, une fille prénommée Chicago, le 15 janvier 2018 à San Diego (Californie). Le 10 mai 2019, elle mettait au monde un quatrième enfant – et second petit garçon – du nom, toujours plus curieux, de Psalm (« Psaume », en anglais), censé témoigner de la foi évangélique croissante de ses parents. Celui-ci, tout comme sa sœur Chicago, est né par mère porteuse.

année. C'est aussi le plus important vol de bijoux réalisé en France depuis vingt ans.

Que d'approximations et d'informations incomplètes en peu de mots ! Mais l'essentiel est dit.

Pour ma part, j'ajouterai ceci : beaucoup d'eau a coulé sous les ponts depuis ma rencontre avec la Pince, dans l'arrière-salle d'un troquet parisien, au début de l'été 2016. En acceptant sa proposition, j'étais conscient alors de partir pour un gros coup.

De là à penser qu'on réaliserait ensemble le casse du siècle...

*

Je les attendais, certes, mais pas si vite ! La pendule de chevet de ma chambre marque à peine 6 heures en ce froid matin de janvier. Cela fait quelques minutes déjà que j'entends grenouiller sur le palier. Les voilà maintenant qui cognent à la porte en menaçant de la défoncer si on ne l'ouvre pas. La routine, dans ce genre de situation...

Mon fils aîné, réveillé depuis un bon moment et prêt à partir travailler, obtempère à leur impérieuse demande. Abasourdi. Farida, les yeux encore pleins de sommeil, semble décontenancée par ce coup de tonnerre auquel elle ne croyait sans doute pas tant que cela. Mais comme elle en a vécu d'autres, les bons réflexes reviennent vite.

Rester calmes. Respectueux mais pas serviles, ni passifs pour autant.

Les quatre flics de la BRB, en civil, ont fait irruption dans notre petit appartement. Soucieux de bonne règle, de prime abord, ils déclinent oralement les termes de la procédure légale – que je pourrais réciter par cœur – puis s'installent en m'énonçant les motifs de leur intervention, rédigés par un greffier et signés de la main du juge. Ils ponctuent leur laïus en me signifiant la mesure de garde à vue dont je fais l'objet, ainsi que l'identité du magistrat en charge de mon dossier.

Rien à redire. Tout s'opère comme il faut pour l'instant. Sans montrer ma fébrilité, je réponds par la négative à leurs premières questions. Non, il n'y a ni armes ni bijoux volés entre nos humbles murs.

Ils n'insistent pas. D'autant moins que je reconnais, en revanche, détenir de l'argent liquide. Non seulement chez moi, mais dans la maison de mon fils cadet, à quelques dizaines de mètres de là. Avides, les perdreaux ne perdent pas de temps. Ils trouvent 2 000 euros dans mes affaires, 1 200 dans celles de ma femme et 3 500 dans la chambre de mon fils. Là, les choses se gâtent vraiment. Celui-ci a beau en justifier la provenance, ils s'en emparent puis embarquent le tout. Indistinctement et sans explication aucune. Pour les récupérer, il lui faudra patienter pas moins de... dix-huit mois. Au terme de longues et hasardeuses démarches.

Ma femme aura moins de chance encore. Ses maigres économies, provenant de petits boulots non déclarés, à défaut d'être traçables, ne lui seront jamais restituées. Cette somme modeste n'était constituée que de petites coupures. Les limiers de la BRB ne sont pourtant supposés saisir que des billets de 50 euros et plus. Curieux...

N'ayant pas trouvé les fonds espérés chez nous, ils cinglent alors droit chez mon garçon. Bingo ! Cette fois la pêche est bonne. Nos amis mettent la main sur 67 000 euros en liquide. Joli pactole tout de même ! Prudent, j'avais recommandé au fiston de répondre sans hésiter que ces espèces m'appartenaient si on l'interrogeait un jour sur leur provenance. Histoire de le mettre hors de cause.

Il s'exécute. Ouf !

Mais je ne suis pas au bout de mes surprises. À l'issue de cette affaire, j'apprendrai, bien des mois plus tard, lors d'une convocation à la brigade, qu'à la suite d'une enquête diligentée sur mon train de vie, je me retrouve bel et bien assujetti à l'impôt sur cet argent. Ce qui revient à dire que l'État prélève sa dîme pour un délit dont il devient, ce faisant, le complice on ne peut plus consentant.

Étranges méthodes...

J'ai donc payé une taxe. Substantielle. Ce type de procédure s'applique aussi, m'a-t-on expliqué, aux prostituées, qui en sont coutumières. Voire aux trafiquants de drogue, davantage récalcitrants. Ces derniers s'acquittent également, paraît-il, d'une contribution douanière.

C'est beau, le progrès...

En dépit de telles bizarreries, je me sens assez soulagé. À l'instant même où j'ai déposé l'argent chez mon cadet, une boule m'avait enserré la gorge. Conscient que j'étais du risque de l'impliquer. Mais connaissant la parfaite probité de mes deux gars, ainsi que leurs casiers judiciaires respectifs tout à fait vierges, j'avais fini par considérer les risques d'amalgames comme quasi inexistants. À mon grand soulagement, cela se révèle exact.

Il convient, à cet égard, de préciser que le système judiciaire a sur ce point plutôt évolué dans le bon sens depuis la décennie 1980. À l'époque, l'ensemble de la famille aurait sans aucun doute été emprisonné. Une manière d'exercer des pressions sur ses différents membres afin de les faire craquer. Depuis, l'État a compris que la prison était criminogène. Surtout auprès des innocents. Il y a une trentaine d'années existait la notion de « complicité morale », fort ambiguë à mon avis. Dans les faits, elle n'a pas disparu des textes, mais n'est plus guère appliquée de nos jours.

Heureusement ! Rien de tel qu'un sentiment d'injustice pour précipiter un jeune type dans le mauvais chemin. J'en sais quelque chose. Mais cela n'empêchera pas le juge d'instruction de m'affirmer, à plusieurs reprises, que mon fils cadet, « en l'espèce », comme disent les magistrats, aurait dû être poursuivi.

Dans quel but ? Sans doute pour me culpabiliser davantage encore. Quelle élégance !

J'ai reconnu sans barguigner la totalité des faits allégués contre moi. D'abord dès l'intrusion matinale des policiers, puis devant le juge. Du coup, tout ce manège n'avait plus grand sens. Mais rien ne nous aura été épargné. Ou plutôt si. Seule nouveauté (salutaire), ma femme échappe à la garde à vue qui, jusque-là, au cours de chaque démêlé judiciaire ayant émaillé mon parcours chaotique, lui avait été imposée. Du simple fait qu'elle partageait ma vie. Elle ne s'en plaint pas. Malgré son soulagement, l'émotion est tout de même bien présente quand elle prend congé des flics. Puis m'abandonne entre leurs mains afin de regagner la maison.

Pour ce qui concerne mes complices, je me montre beaucoup moins conciliant. Je laisse à mes copains le soin d'assurer eux-mêmes leur propre défense. Pas question, dès lors, de me livrer à des déclarations intempestives les concernant. Ce serait d'autant plus hors de propos que la justice dispose de leurs identités et pedigrees respectifs. Pour une bonne et simple raison : les cinq protagonistes de l'affaire Kardashian ont été appréhendés en même temps. La technique usitée dans la police française. Rien que de très classique.

Beaucoup moins glorieux : l'un des types embarqués puis coffrés sans ménagement se révélera être totalement innocent des faits qui lui sont reprochés. Le malheureux passera pourtant huit longs mois en prison avant de regagner ses pénates, après l'arrestation, à l'étranger, du véritable coupable. Cela fait désordre ! J'y reviendrai.

Pendant nos gardes à vue, nous sommes maintenus dans un isolement presque total. *A fortiori* entre nous. Pas question bien sûr d'échanger le moindre mot, ni même de se croiser plus longtemps que le temps d'un regard dans les couloirs du Palais de Justice. Mais, en truands chevronnés que nous sommes, on se parle avec les yeux. Un langage souvent plus clair que de longs discours. Dans les faits, je ne verrai pour ainsi dire jamais mes complices au cours de la période située entre nos arrestations et les mises en examen.

Mon transfert à l'Hôtel-Dieu ayant été quasi immédiat, je n'ai, à la vérité, passé que quelques heures au quai des Orfèvres. Les aléas liés à mon état de santé auront une autre conséquence, plutôt bénéfique celle-là : je n'ai pas eu à déférer à une nouvelle demande d'audition contradictoire, cette fois dans le bureau de la juge d'instruction. Un exercice toujours désagréable, au cours duquel le magistrat divise pour mieux régner. Quitte, s'il le faut, à « plaider le faux pour accoucher le vrai ». Voire l'inverse. Nous le verrons, cela peut aussi arriver.

Pendant mon bref passage au siège de la « Maison Poulaga », les flics se montrent très sympas. Ils m'offrent du café et des petits gâteaux, s'affichent respectueux à mon égard. Une autre bonne surprise m'attend : les interrogatoires se succèdent dans un climat plutôt courtois et détendu. Avec mes antécédents, j'imaginais le pire. Il n'en sera rien. Ceux-ci n'ont aucun effet particulier sur les enquêteurs. Ni positif ni négatif.

Pour ma part, je m'en tiens à ma ligne de conduite en de telles circonstances. J'assume mes responsabilités. Sans me défausser sur qui que ce soit, tout en conservant une attitude posée et digne. Ma modeste expérience le démontre : c'est la meilleure façon de rester crédible devant les flics et les magistrats. La pire consiste à les prendre pour des truffes. Cela n'a d'autre effet que de les énerver très vite.

Vis-à-vis de clients comme mézigue, à la longue, et à force de voir nos chemins se croiser durant plusieurs décennies, je dirais que finit par s'instaurer une sorte de respect réciproque. Tous ces grands pros de la Brigade de répression du banditisme le savent bien : au cours de ma turbulente existence, je n'ai jamais agressé personne, dépouillé de pauvres gens, et, moins encore, fait couler le sang. Si tel était le cas, rien entre nous ne pourrait fonctionner ainsi. De manière implicite, et assez subtile, chacun des protagonistes présents lors des auditions le signifie en adoptant cette posture sereine.

Au fil de nos échanges, j'ai cru percevoir que les policiers en étaient arrivés à la conclusion que la Pince constituait la pièce essentielle de notre dispositif. Difficile de leur donner tort. D'autant que mon pote lui-même l'a reconnu. Quant à l'individu, qui avait le malheur de le connaître, et qui sera incarcéré puis mis en examen avant de se voir – enfin – innocenté au bout de longs mois, il devra une fière chandelle à la Pince dont le témoignage, dès les premières heures de l'enquête, l'exonère des charges pesant sur lui.

Au bout du compte, la phase allant de mon arrestation, puis ma mise en examen, jusqu'à mon transfert vers Fresnes durera quatre jours. Du 9 au 13 janvier 2017. Elle aurait même dû s'achever vingt-quatre heures plus tôt mais, comme je me trouvais alors à l'Hôtel-Dieu, la procédure en a été un peu alourdie. De ce point de vue, les choses auraient pu être pires. Mais je n'aurai pas le temps de m'en réjouir. Car en dépit de l'ordonnance de détention délivrée par le juge des libertés, consignant mon hospitalisation dès l'arrivée à Fresnes, je me retrouverai détenu dans la maison d'arrêt de la plus vieille prison de France.

Comprenne qui pourra.

Il me faut maintenant revenir sur ce scandale au cours duquel j'ai bien failli laisser ma peau.

NOTE

Le 7 janvier 2017, quelques heures avant l'arrestation du réseau de malfaiteurs responsable de sa séquestration, puis du vol de ses bijoux, pour une valeur avoisinant les 9 millions d'euros, Kim Kardashian met elle-même en scène sa réapparition médiatique. Du grand art!
D'abord murée dans le silence, la star virtuelle, au terme d'un savant *teasing*, se prête alors à une véritable conférence de presse. Mais totalement sous contrôle. Devant ses propres médias, elle donne une interview. Puis fait fuiter une courte bande-annonce, en guise de promo de la prochaine saison de son émission de téléréalité, « Keeping Up

with the Kardashians ». En larmes, accompagnée de deux de ses sœurs, Kourtney et Khloé, KK y livre sa version des faits. Pour le moins divergente de celles de ses « agresseurs », dans leurs dépositions respectives auprès des enquêteurs. « Ils allaient me tirer dans le dos, affirme-t-elle sur le document vidéo. Il n'y avait aucun moyen de sortir. Je suis tellement bouleversée. Rien qu'à l'idée d'y penser ! » Et de se précipiter dans les bras de ses sœurs.

Dans une seconde séquence, Kim Kardashian, pleurant toujours à chaudes larmes, converse, par téléphone, avec son mari, le rappeur Kanye West. « Ne me fais pas peur, s'il te plaît, supplie-t-elle. Mais dis-moi ce qui se passe ! » L'époux se trouve alors, supposément, hospitalisé au sein d'un service de psychiatrie. Selon l'expression même de la star, ce joli come-back médiatique ne tarde pas à faire le buzz, puis à « casser Internet » (*sic*). Avec les conséquences, plus que bénéfiques, qui en résultent sur sa carrière. Et pour son compte bancaire.

L'enquête, menée en France, mais avec la probable collaboration des services américains, ne semble pas avoir été bouleversée par ces « révélations » au parfum très médiatique. De fait, les malfaiteurs ayant participé au « casse du siècle » se montrent tous unanimes : le braquage se serait déroulé, de bout en bout, sans la moindre violence. À suivre[1]...

---

1. Sources : *Le Parisien* et *Le Figaro*, dans leurs éditions du 7 janvier 2017.

6

Crever ici comme une bête ?

Sous surveillance dans la cellule haute sécurité de la salle Cusco, à l'Hôtel-Dieu[1], où les policiers de la BRB m'ont placé après mon interpellation, je gamberge.

Pas grand-chose d'autre à faire, en vérité. Les petits détails anodins de la vie quotidienne prennent souvent valeur de symboles, dans des situations extrêmes. Je me dis alors qu'en ouvrant ses volets sur rue, en ce matin gris du 9 janvier 2017, la mamie Paulette, du rez-de-chaussée de notre immeuble, a dû s'étonner de ne pas me voir promener mon yorkshire comme d'habitude. Ignore-t-elle encore à cette heure, tout comme les autres résidents, ce qu'il m'est arrivé ? Je ne saurais le dire. J'apprendrai bien plus tard que plusieurs équipes de télévision, dépêchées pour la plupart d'entre elles par des chaînes de la TNT, ont investi les parties communes du 32 au milieu de la matinée.

Drôle de réveil pour mes voisins, j'imagine.

1. Unité médico-judiciaire de l'Hôtel-Dieu, dite « la prison à l'hôpital ». Y sont placés les gardés à vue dont l'état de santé requiert un suivi médical.

Une « délicate intervention cardiaque » pour laquelle il est urgent d'attendre

Déjà déplorable avant l'arrestation, effectuée à l'heure légale, dès potron-minet, mon état de santé a dû se dégrader très vite. Le 11 janvier, toujours sous assistance policière, je suis admis à l'hôpital Bichat pour y subir une visite préopératoire, prescrite par mon médecin traitant le mois précédent.

Puis le calendrier s'accélère. Deux jours plus tard, retour à l'Hôtel-Dieu avec, dans la foulée, une seconde audition – la première n'a été qu'une étape de pure procédure – dans le bureau du juge des libertés. Cette fois, ce magistrat, qui m'a déjà entendu dans le cadre du débat contradictoire, ordonne mon incarcération, car tel est bien le terme employé, à l'hôpital du centre de détention de Fresnes. Pour d'obscures raisons, et malgré cette décision explicite – consignée noir sur blanc dans le procès-verbal de l'audition[1] – je me retrouve transféré à la prison et non à l'hôpital du centre, par ailleurs l'un des plus anciens et des plus vétustes de France. Version officielle : « Aucun lit disponible et équipe médicale débordée. »

Un long marathon s'engage alors. Sorte de dialogue de sourds dans lequel j'essaie de faire valoir une évidence : je suis cardiaque, mon état de santé est mauvais et, bien que je sois détenu, cela justifie mon maintien sous contrôle médical.

Un gradé de l'administration pénitentiaire, auquel j'ai exposé ces arguments de bon sens dès mon arrivée, en convient volontiers. Après avoir pris le temps de m'écouter, il envoie un gardien récupérer mon dossier, qui m'a suivi depuis l'Hôtel-Dieu. Puis promet de me faire passer sans délai devant un médecin. Et tient parole. Le soir même, je rencontre une fonctionnaire médicale. Celle-ci se montre très à l'écoute. Elle a consulté mon dossier avec attention. Dès le

1. Voir annexe 2, p. 235-238.

lendemain, m'affirme-t-elle ensuite, son collègue de jour fera le nécessaire en vue de mon transfert à l'hôpital de Fresnes.

Son apparente assurance me rassure et m'évite de me poser trop de questions. Je me persuade que je vais pouvoir passer une première nuit pas trop mauvaise, en attendant mon admission. Ce soulagement sera de courte durée.

Une autre désillusion m'attend : j'ai été placé dans une cellule située au deuxième étage de la première division du centre. Lesté de mon imposant paquetage, j'ai toutes les peines du monde à gravir les escaliers. Et pas âme qui vive à l'horizon pour donner un coup de main. Exténué, le cœur cognant dans la poitrine et à bout de souffle, j'atterris dans une cellule exiguë conçue, paraît-il, pour accueillir trois détenus. J'y passerai seul cette première nuit. La pièce est d'une saleté repoussante. Sur les lits superposés, les couvertures, qui doivent dater du couronnement de la reine Elizabeth II, exhalent une odeur répugnante de renfermé et de moisissure. Le reste est à l'avenant. Tout pue abominablement dans ce réduit, étouffant et confiné, où il va me falloir cohabiter avec deux autres types.

Au terme de cette nuit, peu engageante et largement passée à cogiter, je vais de surprise en surprise, toutes mauvaises. Le café au lait ? Froid et insipide, il se compose de trois sachets, lyophilisés, contenant des poudres de la pseudoboisson choisie, de lait et de sucre. Le breuvage, indéterminé, qui résulte de ce mélange se révèle plus infect encore que je le redoutais.

« C'est la prison », me dis-je, fataliste.

Le pire reste à venir. Je ne tarde pas à apprendre, de la bouche même de l'un d'entre eux, que tous les détenus qui, la veille au soir, m'ont adressé la parole, sans se douter le moins du monde des raisons pour lesquelles j'étais incarcéré, ont été fermement invités à rapporter l'intégralité de mes propos à l'administration. D'emblée, je me sens donc respecté, mais aussi pointé du doigt par ce traitement particulier.

S'ensuit – enfin – le rendez-vous tant attendu avec le médecin de jour, censé organiser les conditions de mon transfert. Aujourd'hui même, espérais-je. Il s'agit d'une femme, originaire d'un pays de l'Est européen, semble-t-il. Elle me reçoit, m'ausculte avec soin, examine mon dossier, puis me précise, gênée, qu'il me faudra patienter deux ou trois jours avant une admission à l'hôpital.

Le moral plombé, je regagne ma cellule. J'y suis toujours seul.

Fresnes : son hôpital vieillot, vétuste et inaccessible

Le quatrième jour, un gardien m'intime l'ordre de préparer mon paquetage. L'espoir, fugace, me donnerait presque des ailes. Je déchante vite. Pas question de transfert à l'hosto mais d'un simple changement de bâtiment. Cette fois, je me retrouve au premier étage de la deuxième division. Il suffisait d'inverser les chiffres. Dans la cellule, me voilà en compagnie de deux gars. L'un plus jeune, l'autre sexagénaire comme moi.

Un léger mieux tout de même, vu mon état qui ne cesse d'empirer. Il suffit pour s'en convaincre d'observer les conséquences, maintenant démesurées, d'un fait en apparence anodin. À chaque passage aux portiques de sécurité, nombreux et inévitables dans la vie carcérale, mes chaussures se sont mises à sonner dans ce bloc. Pour quelle raison ? Je n'en sais fichtre rien. Ce désagrément nécessite de les retirer, à l'aller comme au retour, puis de les renfiler. *Idem* pour mes vêtements, dont les fermetures éclair sonnent aussi. Les bons jours, je tomberai sur des surveillants compatissants qui se contenteront d'une palpation. Les mauvais, il me faudra tout enlever, me baisser, me redresser, puis tout remettre.

Un pur bonheur !

Ce rituel stupide, répété plusieurs fois par jour, suffit désormais à m'épuiser. Mais cela n'est rien comparé à la galère de l'escalier. Tous les jours, on me fait descendre à l'infirmerie afin de contrôler mon état de santé. Ce qui de prime abord semble partir d'un bon sentiment s'avère un supplice. Une heure, parfois davantage, en salle d'attente, au milieu d'une trentaine de détenus. Parmi ceux-ci, des fumeurs, des cracheurs et bon nombre d'excités qui ne supportent pas d'attendre. Tout ça pour quelques minutes passées dans le cabinet du médecin, qui me prend la tension puis me renvoie en cellule.

Une tannée !

L'été, en ces lieux, il fait horriblement chaud ; l'hiver, on y grelotte sous un froid de canard. Mais le pire, c'est surtout l'anarchie totale qui règne ici. Pas question d'être appelé par son nom. Ce serait trop simple. L'ordre d'arrivée alors ? Pensez-vous ! Il faudrait pour cela que les surveillants fassent leur boulot. Ce qui ne va pas de soi. Rien de le dire. Du coup, les plus timides, ou mal à l'aise, marinent des heures dans la puanteur ambiante. Car certains, en désespoir de cause, lassés de constater qu'aucun gardien ne daigne venir les chercher pour les emmener aux toilettes, finissent par pisser contre les murs. D'autres, au contraire, bousculent tout le monde et se comportent comme des salopards pour passer les premiers.

Cette situation ubuesque ne fait qu'accentuer la tension récurrente qui règne dans les salles d'attente de la prison. Du même coup, elle ne tarde pas à faire monter aussi la mienne. À des niveaux déraisonnables, 17, voire 18 : pas terrible pour un sujet diabétique, cardiaque et souffrant d'hypertension ! À telle enseigne que je finirai par refuser de me rendre à ces consultations.

Un jour, excédé, je prends mon courage à deux mains et m'en ouvre en toute clarté à la femme médecin qui me reçoit. Vu mon état, elle s'engage à ne plus me faire passer par la salle d'attente. C'est sans compter avec la mauvaise volonté des surveillants qui, pour leur part, décident de faire du zèle. Déterminé, j'adopte donc une mesure plus radicale :

une seule visite par semaine. Que je me résous, *in fine*, lassé par cette guéguerre stérile, à arrêter. Quel gâchis !

Tous les quatre ou cinq jours, une infirmière m'annonce mon départ prochain pour l'hôpital de Fresnes. Mais, invariablement, le transfert se voit remis à plus tard. J'enrage. Mes codétenus, sympas, m'ont bien proposé de me céder le lit du bas ou celui du milieu afin de m'épargner des efforts inutiles. J'ai refusé. Et continué à broyer du noir sur celui du haut. Du coup, je décide de ne plus monter sur mon lit que pour y dormir. Ce qui suppose que j'en descende le moins possible. Sauf que l'inaction totale est déconseillée dans les pathologies cardiaques, à plus forte raison chez les diabétiques. La quadrature du cercle.

Un codétenu échappe au pire grâce à ma tête de lard

Un matin, le plus âgé de mes codétenus – un brave type, cancéreux, qui mourra hélas peu de temps après sa libération – nous quitte. Transfert. Je ne le reverrai qu'une fois, par hasard. À la Pitié-Salpêtrière. À sa demande, mais avec grand plaisir. Je déménage ainsi un étage plus bas.

Peu de temps après son départ, c'est au plus jeune, tard un soir, de tomber malade. Intoxication alimentaire. Un phénomène fort courant en prison. Le gars, souffrant le martyre, se vide littéralement de partout. Devant mes yeux. Mon sang ne fait qu'un tour. Après la fermeture des portes, qui précède l'extinction des feux, cette situation peut vite devenir tragique. Parce qu'il n'y a plus personne pour garder le millier de bonshommes qui croupit dans le bâtiment. Quant aux matons de garde, basés au rez-de-chaussée du couloir central, ils répugnent à se déplacer à ces heures.

Rideau ? Impensable pour moi de regarder ce pauvre bougre se tordre de douleur avant de mourir, toute la nuit, sans rien faire. Je ne pourrai jamais plus me regarder dans une glace. Entre 1 h 30 et 2 heures, je tambourine alors comme un dingue contre le battant métallique de la porte. À m'en aplatir les pognes. Au bout de la demi-heure, un gardien finit par arriver, à moitié réveillé. Penaud, il m'annonce à l'œilleton que ni lui ni ses collègues ne détiennent plus les clés à un horaire aussi tardif.

— Les chefs ? Pas évident qu'ils se sentent concernés, me confie-t-il.

Je m'indigne, je m'époumone :

— Mais ce gars va très mal. Cela peut très mal finir.

— OK. Je vais voir ce que je peux faire, consent-il.

Sans trop de conviction.

Un bon quart d'heure s'écoule encore. Même scénario avec un gradé de permanence. Le gus repart en me laissant pantelant derrière la porte. Il revient au bout d'un quart d'heure, flanqué – enfin – du médecin de garde. Aucun des trois surveillants qui les accompagnent n'accepte de prendre en charge mon malheureux codétenu. Ils m'imposent au contraire de l'accompagner moi-même à l'infirmerie.

À moi donc de m'y coller, dans un état à peine meilleur que le sien. Je ne me fais pas prier pour autant et m'exécute. Après un examen rapide, le toubib confirme l'évident diagnostic : intoxication alimentaire. Carabinée, apparemment. À peine remis sur pied, le gars retourne en cellule. Toujours avec mézigue pour l'y ramener.

Une putain de nuit de cauchemar !

Seul dans la salle d'attente, j'ai eu le temps de me passer un film d'horreur. Qu'adviendra-t-il si, avec mes ennuis cardiaques, il m'arrivait un méchant pépin, du même acabit, dans ces conditions ? La réponse m'apparaît aveuglante de clarté : je suis à peu près certain de crever. Comme une bête.

Assez de conneries ! Partant de ce sombre constat, je prends la décision d'écrire à mon avocat. Mon but ? L'informer de la réalité de la situation.

Celui-ci s'empresse de faire le tintouin nécessaire auprès du directeur de la prison, des médecins, puis du juge d'instruction en charge de l'affaire. La conclusion, pourtant logique, s'impose enfin : plus question, dans mon état, de différer trop longtemps encore mon hospitalisation. Ce qui ne m'empêche pas de poireauter une semaine supplémentaire.

Ulcéré, ne voyant toujours rien venir, je sors l'artillerie lourde. Courriers, cette fois, à la Ligue des droits de l'homme, à l'Observatoire national des prisons, au directeur du centre, au directeur régional, ainsi qu'au juge d'instruction. Carton plein ! De nouveau, mon avocat monte au créneau. Il menace tout ce beau monde de déposer plainte auprès de la Cour européenne des droits de l'homme. Pour non-assistance à personne en péril.

La cause est entendue. Branle-bas de combat dans la boutique ! Après ces trois semaines d'incarcération où j'ai le sentiment d'avoir joué ma peau à la roulette russe, on finit tout de même par venir me chercher. Les médecins, accablés, m'expliquent qu'ils ont accompli leur boulot en faisant remonter les informations. Mais, insistent-ils, ils ne sont que des fonctionnaires parmi d'autres au sein de la hiérarchie judiciaire.

Des rouages, secondaires hélas, dans le moteur d'une machine – infernale et grippée de façon chronique, serai-je tenté de corriger. Un mastodonte sans queue ni tête qui, une fois lancé, broie indistinctement les êtres humains.

Mais je les crois, avant de m'endormir, ce soir-là.

Un peu plus tranquille. Enfin !

Un peu plus tard, l'expert près la cour d'appel, attaché au parquet général, n'aura de cesse de contredire, dans ses rapports successifs, les conclusions des médecins préconisant une mesure de mise en liberté provisoire préalable à mon intervention cardiaque[1]. De fait, je ne l'obtiendrai jamais.

1. Voir annexe 1 et 2, p. 233-238.

Sourd aux conseils de mon avocat, je me refuserai à faire appel. Pourquoi ? Parce que je savais que cela n'aurait pour unique conséquence que de retarder l'échéance. Or, vu mon état de santé, cette option comportait de sérieux risques. Mais n'est-ce pas là, précisément, le rôle même de ce genre d'expert que de n'intervenir qu'à charge ? Ne serait-ce que de par sa subordination directe à l'égard du parquet. Je ne lui en veux pas, mais la question se pose : à quoi sert cet auxiliaire dans le processus judiciaire ?

*

Le décor futuriste m'évoque la Nasa telle que la télé nous la faisait découvrir dans mon enfance. À travers la vitre floutée de la fenêtre de ma chambre stérile, je devine, plus que je ne lis, le mot « Police » sur des uniformes. Je me disais bien que si mes gardiens avaient disparu, ils ne devaient pas être très loin. Sauf que ces flics ont remplacé les auxiliaires pénitentiaires qui m'accompagnaient jusqu'ici.

Une odyssée que cette arrivée à l'hôpital de la Pitié-Salpêtrière ! Admis « d'urgence » (*sic*) dans un service spécialisé dédié aux détenus, au sein d'une aile sécurisée de l'imposant bâtiment baptisée UHSI[1], je devais, en principe, hériter de l'une des quatorze chambres à lit unique. Tu parles !

Sitôt présenté au personnel hospitalier, un barrage des surveillants et responsables de l'unité se forme. On ne m'attendait pas, indiquent ces jeunes gens à mes anges gardiens. Et pour cause : mon dossier médical, contrairement à ce qui avait été prévu, n'a pas précédé mon arrivée. Manque de bol !

Après moult tractations, tout finit par s'arranger. Enfin, presque. On m'installe dans une chambre, glacée car à l'évidence pas chauffée – en plein mois de février – mais bien plus confortable tout de même que le minable « trou à rats »

1. Unité hospitalière sécurisée interrégionale.

de Fresnes. Autre avancée notable, les infirmières passeront chaque jour afin de composer avec moi les menus de mes prochains repas. En fonction des options proposées, s'entend.

Un rêve éveillé !

Certes, il faudra s'accommoder des couverts, en plastique, ainsi que des draps, couvertures et même chemises de nuit en papier ! Je m'y habituerai vite.

Les impératifs d'hygiène sont drastiques, mais cohérents. Tous les matins, une femme de ménage officie dans les chambres, avec vigueur et bonhomie. Quant aux médecins et personnels hospitaliers, ils se montrent aussi compétents que sympas et à l'écoute. Que ce soit à l'hôpital ou à la maison d'arrêt, plus tard à la Pitié-Salpêtrière, tous ont témoigné de leur grande humanité, expérience professionnelle et diligence une fois saisis de mon cas. Rien, j'en suis sûr, n'aurait été différent si j'avais été soigné en dehors du système carcéral. Je leur dois sans doute la vie, et ne l'oublierai jamais.

Dans l'attente de l'intervention chirurgicale, annoncée comme imminente, je suis plutôt satisfait de mon installation. Jusqu'au jour où je découvre que les détenus, admis dans le service, ont droit chaque dimanche à une collation collective, avec les autres, à 16 heures. Qui plus est dans une pièce aménagée en bibliothèque, où ils ont accès aux bouquins. Tous... sauf moi. Les boules !

Une fois encore pourtant, un événement imprévu va quelque peu adoucir mon sort. Mon pote de cellule – le cancéreux, condamné à brève échéance, et transféré avant moi de Fresnes à la Pitié-Salpêt' – a eu vent de mon hospitalisation par une brave infirmière. Il se lance donc dans les démarches administratives nécessaires afin que l'on puisse s'y voir tous les deux. Eu égard à son état, personne n'ose refuser sa requête. Un bon moment passé ensemble. Le dernier. Peu de temps après, j'apprendrai donc son décès. Avec peine.

Le 11 février 2017, enfin, on m'annonce que mon opération aura lieu très bientôt. J'en suis tout à la fois soulagé et inquiet. Jamais anodin, de passer sur le billard. Alors dans ces circonstances et pour une intervention cardiaque si délicate… Mais plus question de reculer. Surtout après avoir remué ciel et terre afin d'en arriver là.

Le lendemain, un dimanche, confirmation. J moins 24 heures. Je me sens prêt. Au meilleur comme au pire. Le 13 février 2017, j'entre en salle d'opération, sous escorte. Pour parcourir les quelques dizaines de mètres séparant les deux bâtiments, mes surveillants, ainsi que l'infirmier de service, ont revêtu des gilets pare-balles. Moi-même, je suis menotté. Poignets et chevilles. Pas question de prendre le moindre risque.

Après une vigoureuse douche à la Bétadine rouge, on m'affuble d'une chemise de nuit, de « pantoufles » et d'une charlotte – sorte de bonnet de nuit – en papier, m'entoure d'une couverture, en papier elle aussi, puis me menotte de nouveau en m'asseyant sur une chaise roulante. Direction le bloc opératoire, situé dans la partie « normale » de l'hôpital.

Le cérémonial continue. Pas question de rigoler, les copains !

Armés jusqu'aux dents, les surveillants me descendent jusqu'au rez-de-chaussée, puis m'installent dans une fourgonnette. L'infirmier chargé de pousser ma chaise a enfilé lui aussi un gilet pare-balles. Le véhicule parcourt une cinquantaine de mètres avant de me déposer à l'entrée du bâtiment.

Terminus. Tout le monde descend !

Cette fois, les infirmières prennent le relais. L'ambiance se détend un peu. Mes surveillants m'ont enfin détaché et se sont placés en faction devant la porte du bloc opératoire. Au mur qui me fait face, la pendule marque midi. Mon tout dernier souvenir visuel avant l'anesthésie sera le visage souriant de l'infirmière. Une jolie femme d'origine africaine, à la fois rassurante et compétente. Nous avons même eu le temps d'échanger quelques mots, à propos des arts martiaux qu'elle pratique, tout comme moi, depuis de nombreuses années, me précise-t-elle.

L'anesthésiste, lui, est d'origine asiatique. Et tout aussi sympathique. Dès son arrivée, il s'est assuré que j'étais bien à jeun. Je me rappelle m'être plaint auprès de lui de la table d'opération, peu ergonomique, qui me créait des douleurs dans le dos.

— Ne vous inquiétez pas, me répond-il. Dans quelques instants, vous n'aurez plus mal nulle part.

Ma dernière pensée avant de prendre le masque sur les naseaux ? Celle de tout un chacun en pareille circonstance. « Est-ce que le parcours s'arrête ici, mon garçon ? Ou bien vais-je rouvrir les yeux sur ce monde, si imparfait peut-être, mais que je n'ai vraiment pas envie de quitter ainsi, à soixante-trois berges ? »

En attendant, c'est Morphée qui, à partir de ce moment-là, m'a pris dans ses bras.

*

J'ai rouvert les yeux. Puis demandé, à la cantonade :

— Quel jour sommes-nous, et quelle heure est-il ?

Une voix féminine m'a répondu :

— Nous sommes mardi et il est 7 h 30.

De l'espèce de bulle, ou cocon, où je me trouvais, j'ai entendu une autre voix – un mec cette fois – crier :

— Il se réveille ! Il est conscient !

Deux ou trois personnes s'affairent alors autour de moi. J'apprends qu'au terme de l'opération, on m'a fait un autre brin de toilette, avant de m'équiper d'une sonde urinaire. Le tout pendant mon sommeil.

Sous escorte policière, y compris les deux agents placés en faction, retour dans une chambre, située cette fois dans l'enceinte même de l'hosto. Sur un brancard. Pour un séjour de huit jours.

Les neurones sont repartis. Et plutôt à un rythme satisfaisant. Quadruple pontage coronarien et remplacement d'une valve aortique... À l'instar des innombrables bagnoles que j'ai dû réparer au cours de ma carrière de garagiste, la pompe, qui maintient la pression de l'huile dans le moteur, semble avoir repris son ouvrage. La mécanique est de nouveau bonne pour le service...

De fait, je me sens déjà beaucoup mieux. La respiration, surtout.

Après l'hôpital de Monsieur Tout-le-Monde, retour à l'UHSI. J'y resterai deux semaines. De là, en ambulance, on me ramène au centre de soins de Fresnes.

Je m'y repasse le film de ces dernières semaines qui ont suivi mon interpellation chez moi, au petit matin de la journée du 9 janvier. Au ralenti, avec arrêts sur images. Les policiers, qui m'avaient placé sur écoute depuis un bon moment déjà, savaient tout de mon état de santé lamentable. Dès mon passage par le Quai des Orfèvres, ils m'ont du reste annoncé mon transfert imminent à l'Hôtel-Dieu. Rien que quelques mètres à parcourir. Mais pas question, pour moi, de les faire en petites foulées...

À Cusco, zéro risque ! Sitôt placé aux urgences, une « fliquette » avait jugé plus prudent de m'installer les bracelets. Au lit et au milieu de la nuit, s'il vous plaît !

Quant à la suite ? Vous la connaissez déjà.

7

Une liberté provisoire aux forceps

Dix mois déjà à croupir dans ce trou à rats ! À Fresnes, davantage qu'ailleurs sans doute, le temps paraît long. Ce mois d'octobre 2017 commence à peine quand tombe enfin ce qui aurait presque pu ressembler à une bonne nouvelle. L'un de mes complices de l'affaire Kardashian vient d'être remis en liberté provisoire. Très vite pourtant, ce mince rayon de lumière se voit obscurci par la sombre réalité. Affranchi par mon avocat, j'apprends qu'il s'agit là d'une mesure « humanitaire », adoptée pour lui en raison d'un sérieux problème de santé. On parle de cancer généralisé.

Fidèle à sa légende, le parquet a tenté de faire obstacle à cette décision qui, du coup, a traîné en longueur. Mais la cour d'appel a fini par se laisser convaincre. Compte tenu des circonstances, pas question pour autant de considérer que le gars a eu plus de chance que moi avant mon opération cardiaque. Même si, d'une certaine façon, cette sortie anticipée rallume un soupçon d'espoir. Jusqu'à présent, afin de justifier son refus, face à nos cas respectifs, la justice martelait les mêmes arguments. Pour les résumer simplement, disons que le fait d'être malades, et de longue date, n'a pas empêché de nous rendre coupables des faits allégués.

J'en conviens. Mais le parquet omet une évidence : mon état de santé, tout comme celui de mon pote, s'est beaucoup aggravé entre-temps. Plusieurs avis médicaux autorisés en attestent, car depuis mon intervention chirurgicale, certes réussie, je ne reçois aucun soin postopératoire en prison. Et ce, toujours pour des raisons identiques : les places, à l'hôpital de Fresnes, étant toujours très réduites, on s'y limite au traitement des urgences.

Si je reconnais volontiers qu'il accueille des diagnostics bien plus graves que le mien, les faits sont têtus : petit à petit, au fil des semaines, mes problèmes réapparaissent, puis s'accumulent. Tête qui tourne, tension de cheval, glycémie galopante... Quelques mois plus tard, ce cocktail explosif se soldera par une violente hémiplégie qui me laissera dans les cordes. De longues semaines durant.

D'ores et déjà, les signes avant-coureurs de cette dégradation s'amoncellent. Le dernier en date se révèle aussi spectaculaire qu'inattendu. À plusieurs reprises, j'ai perdu la vue, pendant plusieurs minutes. L'angoisse absolue ! Mais les conséquences de ce coup de bambou, en fin de compte, ont du bon car le personnel de l'hôpital de Fresnes réagit alors avec détermination. Il organise, en quelques heures mon transfert aux Quinze-Vingts, à Paris, pour y effectuer un bilan oculaire général.

Rien de trop grave à signaler pour le moment. Hormis de la tension, dans les yeux aussi, et ce foutu diabète. Pas vraiment nouveau. Jusque-là, aucun de ces signaux, aussi préoccupants soient-ils, n'avait convaincu l'administration pénitentiaire du caractère alarmant de mon état de santé. Pas faute, pourtant, d'avoir attiré son attention sur la question. Obstiné, mon avocat faisait remonter les informations, quand le juge d'instruction se bornait pour sa part à lui répondre en demandant, fort civilement au demeurant, de plus amples nouvelles. Touchant...

La réalité, plus cruelle, réside dans ce constat : pour un cas médical aussi récurrent que le mien – antécédents cardiaques, tension artérielle, hyperglycémie chronique et autres joyeusetés qui en découlent – le suivi thérapeutique, inexistant à Fresnes, ne permet pas de faire des miracles. Mais on peut toujours s'en remettre à Dieu…

Reste que nous sommes désormais convaincus, mon conseil et moi, que le dépôt d'une nouvelle demande de mise en liberté prend sens. À quel moment l'effectuer ? C'est une autre histoire.

Faux coupable et véritable innocent

Un second événement, tout à fait salutaire celui-là, survient au printemps 2018. Il va, dans une large mesure, précipiter les choses. Par un beau matin, mon avocat m'apprend que le cinquième complice de l'enlèvement de la star virtuelle a été appréhendé. Or, ce gars, la justice ne le cherchait pas. Et pour cause : elle s'était focalisée sur un autre. Qu'elle n'avait pas hésité à arrêter à sa place.

Rien, décidément, n'aura été mené de manière rationnelle dans notre casse du siècle ! Le moins que l'on puisse dire, c'est que le faisceau d'éléments sur lequel la justice s'estimait fondée à s'appuyer, pour conclure à sa culpabilité, paraît bien mince. Qu'à cela ne tienne !

Normand d'origine, et héritier d'une famille très riche, propriétaire d'un haras réputé dans la région, le gus entretenait des relations – surtout téléphoniques – avec la Pince. Sur la foi de plusieurs filatures menées au moment de l'enquête initiale, puis de quelques photos sur lesquelles ils apparaissaient côte à côte, le juge d'instruction a déduit qu'il s'agissait bien de l'un des protagonistes de l'affaire. Suivant en cela les policiers.

Le mis en examen, résidant à Rouen, disposait pourtant de cinq témoins fort respectables – des élus locaux notamment – attestant qu'il se trouvait en leur compagnie au moment des faits. En outre, aucun élément matériel ne pouvait confirmer sa présence à Paris en ces heures fatidiques. Mais il en fallait davantage pour ébranler leurs belles certitudes. Dommage.

De là à considérer que le magistrat a pris les conclusions hâtives de la BRB pour argent comptant, il n'y a qu'un pas. Que je serais tenté de franchir sans détour. Comment expliquer, sinon, que l'intéressé ait purgé près de huit mois de détention préventive ? Qu'un second juge – ils ont été deux à instruire à tour de rôle notre affaire – ait fini par se laisser convaincre par les témoignages de la Pince visant à innocenter ce pauvre type, insistants et circonstanciés, avant de le relaxer ? Et que les investigations nécessaires pour trouver, au bout du compte, le vrai coupable, aient duré aussi longtemps ?

N'oublions pas non plus le rôle déterminant de l'avocat de l'accusé. Celui-ci, très connu et estimé, a livré, paraît-il, une plaidoirie d'anthologie, après que le « célébrissime » maître Dupont-Moretti eut été pressenti, dans un premier temps, pour assurer la défense de l'héritier fortuné. Chacun comprend mieux pourquoi quand on sait que son père avait publiquement offert une prime de 100 000 euros – en sus des honoraires, donc – au pénaliste capable de le sortir de ce mauvais pas. On a beau dire, si l'argent ne fait pas le bonheur, il y contribue tout de même un peu, non ?

*

Une terrible secousse. Après les signaux avant-coureurs, le séisme annoncé a fini par frapper. Fort. Cette saloperie d'hémiplégie m'est tombée dessus sans faire de détails. Elle m'a laissé exsangue, pantelant et vieilli de dix ans. Hospitalisé à Fresnes pendant une semaine, j'ai signé une décharge pour sortir de là, tant les journées passées dans cette antichambre de la tombe me minaient le moral.

Funeste erreur !

Deux semaines tout juste à s'accrocher aux branches en se disant, contre toute évidence, « ça ira mieux demain »… puis rebelote !

Mon second séjour, commencé sous des auspices plus sombres encore que le précédent m'a, cette fois, convaincu d'écouter la voix de la sagesse : celle des toubibs.

Quinze jours de plus donc entre les murs gris et décrépits de cet hosto hors d'âge. À compter les heures, pesantes comme du plomb, ou à égrener des souvenirs d'une vie gâchée par vingt années de cabane. Ça fait mal ! Alors, je m'arcboute à quelques certitudes : les miens, les nombreux amis qu'il me reste, mon brave chien que j'espère revoir un jour. Véritable rayon de soleil dans ce ciel plombé, une petite-fille est venue illuminer, quelques mois avant ma chute, le foyer de Majid, mon fils cadet. Je pense souvent à cette gamine rieuse, sociable et déjà coquette pour son si jeune âge. Comme elle a dû changer depuis mon arrestation !

Amaigri, hâve et pâle comme le ventre d'un cachalot, au terme de ces cinq semaines dans le coaltar, je me rends à la convocation du juge des libertés. Ce dernier me reçoit, en ce mois de juin 2018, afin d'« examiner le renouvellement de votre mandat de dépôt », précise l'assignation à comparaître.

Mon avocat m'assiste au cours de cet entretien déterminant. Et se fait pressant. Une nouvelle fois, il tente de démontrer une évidence difficile à contester : la dégradation de mon état de santé. Depuis peu, un nouvel argument, à caractère juridique celui-là, est venu renforcer la panoplie qu'il s'efforce de déployer, avec une vigueur accrue, afin de convaincre le magistrat : la fin de l'enquête diligentée dans le cadre de l'affaire Kardashian. Ma demande de remise en liberté provisoire, qu'il envisage de déposer sous peu, ne pourra plus, de ce fait, venir perturber les investigations, puisqu'elles ont été menées à leur terme. Question de bon sens.

Quand le juge des libertés décide, librement, de ma liberté : provisoire

Réticent, le magistrat accepte néanmoins de prendre connaissance de la position du parquet. La réponse fuse, tranchante comme un couperet : c'est *niet* ! Au cours d'un second entretien, le juge des libertés qui, comme son nom l'indique, décide en dernier ressort, s'en va, seul, délibérer avec lui-même. Avant de prendre congé, il consent à nous jeter un os à ronger. Il se propose d'« étudier les conditions de faisabilité d'une mesure d'assignation à résidence sous surveillance électronique ». Textuel. Autant dire le fameux bracelet. Véritable sésame et coqueluche des taulards depuis que le Code pénal a accepté de les en doter. Tant pour humaniser un peu l'univers carcéral que pour alléger – surtout – l'écrasante surcharge des prisons françaises.

Nous y sommes favorables, évidemment. Faute de mieux…

À l'issue de cinq à six semaines d'enquête, y compris chez moi afin de s'assurer que je disposerais d'un soutien économique, ainsi que d'un relais électronique, installé par un service de l'administration – sorte de gros décodeur programmé avec le bracelet, dans l'enceinte même du domicile – les vents semblent favorables. Enfin !

C'est compter sans la juge d'instruction qui, pour sa part, se déclare fermement opposée à la demande de remise en liberté provisoire déposée en bonne et due forme par mon avocat. La douche froide.

Le marathon administratif continue. De nouveau, mon dossier échoit au juge des libertés, qui n'a pas froid aux yeux et tranche, sans se laisser influencer le moins du monde, en ma faveur.

Fin de partie ? Que nenni ! Le parquet arrive à la rescousse de la juge d'instruction et interjette appel. À ce stade, le feuilleton prend une dimension tragi-comique. Il convient de trouver, sous quarante-huit à quatre-vingt-seize heures, un conseiller près ladite cour d'appel qui obtienne, devant une juridiction compétente, l'autorisation de me maintenir en détention, et ce, jusqu'à ce qu'elle ait statué sur la décision. La justice française dans toute sa subtilité... Mon avocat m'apprend que celle-ci se compose de fort respectables membres. Dont l'un s'est illustré à sa manière, autrefois, lors de la ténébreuse affaire dite Schuller-Maréchal, qui défraya la chronique de l'époque. Passons...

Cette procédure, aussi exceptionnelle que rarement usitée, s'achève, ainsi que l'on pouvait l'imaginer, par mon maintien en détention. La cour d'appel, qui en l'espèce n'aura pas ménagé ses efforts, triomphe et rejette ma demande de remise en liberté provisoire.

Rebelote, cette fois c'est pour nous !

Du tribunal de grande instance de Paris, retour vers « Fresnes-Morne Plaine » et sa sinistre prison. J'accuse le coup, mais tends l'oreille à la tirade de mon avocat qui s'efforce – avec succès – de me regonfler. En ce mois d'août 2018, au terme de deux mois d'une procédure infructueuse et éprouvante pour un « convalo », qui se solde par un échec, nous décidons de déposer une nouvelle demande devant madame la juge d'instruction à l'issue du délai légal. Pour transmission au juge des libertés. Et ainsi de suite...

Deux mois plus tard, en octobre donc, nous remontons au front. Contrairement à l'usage, on ne nous permet pas de passer devant le même magistrat. L'audition s'effectue donc sous la férule d'un autre juge des libertés. Lequel rejette cette seconde demande.

Le sort du match commence de la pire des façons mais cette fois, il s'inverse en cours de jeu, en notre faveur. Mon avocat me convainc d'aller en appel. Bien nous en prend.

Nous tombons sur la chambre qui, il y a quelques mois, a libéré l'un de mes complices dans les conditions que l'on sait. Elle décide d'appliquer la jurisprudence, là où d'autres s'en exonèrent. Un peu à l'instar d'une loterie, notre numéro sort. Et gagne !

Ce 23 octobre 2018 restera dans ma mémoire comme un jour de gloire. Huit semaines pile-poil après notre fiasco initial, nous obtenons cette mesure de remise en liberté provisoire si chèrement acquise.

Mon avocat, toujours pédago, m'explique alors que lesté d'un bracelet, ainsi que d'une assignation à résidence, je resterai considéré comme un détenu. Avec toutes les restrictions et réserves d'usage que suppose ce statut. Tandis qu'une mesure de remise en liberté provisoire induit, comme son nom l'indique, la fin de la détention préventive.

Message reçu. Pour ce casse du siècle dont se repaissent encore à la moindre occasion les médias, ma détention préventive aura donc duré vingt-deux mois. C'est long. Même si l'on a vu bien pire.

Cette journée du 23 octobre 2018 semble durer cinquante heures. Excité comme une puce dans l'attente d'événements que je pressens heureux, je tourne en rond entre mes quatre murs. Sur le coup de 23 h 40, des gardiens déboulent dans ma cellule du premier étage de la deuxième division de la prison de Fresnes. Je m'étais résigné à l'idée d'y passer une nouvelle nuit. Il n'en sera rien.

En cette heure tardive, mais non inhabituelle car une ordonnance délivrée par la cour d'appel est exécutoire à tout moment, l'administration pénitentiaire vient me signifier ma libération provisoire. Immédiate. Il me suffit d'exprimer ma volonté.

Mon sang ne fait qu'un tour. Je choisis de filer. Illico ! Reste à prévenir ma famille. Je demande donc puis obtiens le prêt d'un téléphone portable pour appeler chez moi. Majid, mon fils cadet, moniteur d'auto-école, passionné de bagnoles comme son daron, saute dans la sienne et part ventre à terre me chercher au fin fond du Val-de-Marne.

Dans la salle d'attente, on se retrouve à quatre ou cinq libérables. Certains, déjà attendus par leurs familles respectives, font de louables efforts pour ne pas craquer en direct. Comme je dois être à vue d'œil le plus ancien du lot, je m'affiche aussi placide que possible. Mais ça remue pas mal, là-dedans. Surtout du côté du palpitant. Allons ! Il faut faire bonne figure.

Retour dans mes foyers sur fond de notoriété indésirable

Après le soulagement, la joie des retrouvailles. Puis l'appréhension. À l'issue d'une journée pareille, impossible de roupiller, ne serait-ce qu'une heure ou deux. Trop de choses, très intimes, tournent dans ma tête. Le regard de mes garçons sur leur père sera-t-il le même que vingt-deux mois plus tôt ? N'avais-je pas juré de ne plus déconner ? Et Farida ? Comment va-t-elle digérer tout cela ? Avec mes fistons, tout se passe bien. Mes craintes s'envolent très vite. Du côté de ma femme, il faudra patienter un peu de temps avant que nos relations se normalisent.

Aussitôt que je sors de la maison, c'est l'enfer. Je suis soumis à un feu roulant de questions, permanent. Partout où je passe. Sur l'affaire. Sur la dame. Sur la prison. L'essentiel des préoccupations masculines, comme de bien entendu, porte sur la plastique de la populaire « KK ». Avec mention spéciale pour son postérieur. Sacrés Gaulois !

J'ai décidé d'assumer, de jouer la transparence totale et d'afficher une ostensible bonne humeur. Le sourire aux lèvres, je réponds donc aux multiples sollicitations. Y compris, parfois, quand elles émanent de gens que je ne connais pas. La vérité, c'est qu'à soixante-cinq berges révolues, je me fous du qu'en-dira-t-on. Je reconnais cependant que mon épouse l'a subi. Et durement vécu. Surtout au sport, avec ses copines, m'explique-t-elle. Je compatis.

Ma sœur, que j'aime tant, me fait un peu la morale. Pour la forme. Les sentiments restent si forts entre nous, et depuis si longtemps.

Dans les faits, je m'aperçois assez vite que je n'ai non seulement pas perdu le moindre copain, mais plutôt gagné de nouveaux potes. Incroyable ! S'agit-il vraiment d'amis ? Ça, je ne saurais l'affirmer. Mais il y a désormais dans ma commune beaucoup plus de personnes désireuses de me parler qu'auparavant. Pourquoi pas ? Je mentirais en disant qu'elles affectent une énorme compassion vis-à-vis de la star virtuelle. Ou que sa situation financière, familiale ou professionnelle leur arrache des larmes.

Pour ma part, après avoir été un temps quasi obsédé par l'image de cette femme, je me désintéresse désormais du feuilleton, si médiatisé, de sa vie. J'essaie plutôt de l'oublier.

En prison, déjà, la caisse de résonance avait martelé. Magie des réseaux sociaux ? Sans doute. Ils impactent partout. Y compris, comme par miracle, l'univers carcéral, censé pourtant être hermétique. L'époque veut ça. Même si je n'avais guère accès aux journaux, ni à la télé, j'ai entendu relater beaucoup de choses sur notre affaire. Surtout des approximations – voire des conneries – il faut bien l'avouer. J'espère que ce livre suffira à le démontrer.

Quant à la manière dont Kim Kardashian a jugé bon de mettre en scène tout cela[1], je me garderai bien de porter un jugement. Sauf pour constater que c'est de bonne guerre, venant de quelqu'un qui a bâti l'essentiel de sa notoriété – puis de sa fortune – sur lesdits réseaux sociaux.

Je n'ai guère apprécié, en revanche, les tocards que j'ai entendus à plusieurs reprises nous qualifier de « pieds nickelés ». Y compris à la une d'un grand quotidien national.

---

1. Voir note p. 59-60.

Non seulement parce que je n'ai pas trouvé ça d'un goût très convaincant, mais surtout en raison des innombrables fadaises qu'ils ont jugé utile de débiter. Un festival ! Par exemple, ces crétins ont affirmé, je cite, que « l'essentiel des bijoux, égarés, pour la plupart, par les malfrats, avait été retrouvé ». Trop drôle ! Ils auront bientôt bonne mine.

Sur la chaussée, après ma chute de vélo, les enquêteurs de la BRB, qui eux sont de vrais professionnels, ont retrouvé en tout et pour tout un pendentif. D'une valeur estimée à 30 000 euros. La belle affaire ! Tout le reste, je le répète, dort en lieu sûr.

Non pas qu'en soulignant ces faits, je veuille ainsi rouler ma caisse. J'assume, oui, mais je ne suis pas fier de moi. Loin de là ! Il m'arrive même de penser aujourd'hui que ce satané casse du siècle a été, dans ma vie, le dérapage de trop. Un vrai truand, c'est quelque part comme une vedette. Il faut savoir s'arrêter un jour et, si j'ose dire, laisser la place aux jeunes. Même si, dans ce domaine comme dans tant d'autres, les choses n'évoluent pas bien.

À titre personnel, je vois ça comme une sorte de signature. Visant à témoigner qu'aujourd'hui encore, en 2020, on peut réaliser un truc pareil, mais toujours à l'ancienne. Sans heurts, sans haine, sans violence ni passion. Et surtout, mon Dieu, sans jamais faire couler le sang. La vie humaine est bien trop précieuse pour ça !

J'ai joué là ma dernière partie de cartes. Dotée de la mise la plus élevée. J'ai perdu. Et payé. C'est tout !

Rangé des voitures, mais pas à l'arrêt

Huit mois après ma sortie de taule, il y a bien quelques amis que je ne vois plus. Mais simplement parce que la justice me l'interdit. Le garage où je faisais encore un peu de mécanique – en tant que paisible retraité – ayant fermé, je n'ai plus de business. Mais bricoleur je suis, bricoleur je reste ! Alors je n'hésite pas à rendre toujours service aux potes, à mes voisins, ainsi qu'aux mamies et papis du quartier. Chaque fois qu'on me le demande.

En revanche, j'ai repris l'exercice physique. Et cela me réussit plutôt bien. J'ai d'abord bouclé une période dite de « réadaptation cardiaque », que j'aurais dû entreprendre à Fresnes mais que l'on ne m'a, hélas, jamais proposée. Huit heures par semaine, composées de gym au sol et debout, vélo, éducation médicale, autour de la fonction et de l'usage des médicaments que je prends, et diététique. Le tout pour une meilleure gestion de ma vieille carcasse.

Périodiquement, je subis aussi des tests d'effort afin d'évaluer l'amélioration de mon état de santé. D'après mon cardiologue, que j'apprécie et en qui j'ai toute confiance, celle-ci est avérée. À défaut d'être spectaculaire. À terme, j'envisage de pratiquer un peu de musculation, puis de reprendre les arts martiaux. Dans cette optique, j'ai déjà investi quelques sous afin d'acheter un rameur d'appartement. Bref, je me sens mieux, et j'ai décidé de garder la forme. Le plus longtemps possible. Ne serait-ce que pour voir grandir mes petits-enfants. Et partager encore de bons moments avec ceux que j'aime.

Comme un vrai grand-père, quoi !

8

Français d'Algérie ou Algérien français ?

Mon premier souvenir, tragique, remonte à l'âge de six ans. Quand survient le décès de mon père. J'apprendrai beaucoup plus tard qu'il est mort assassiné. Cette révélation ajoutera un parfum de drame à ma tristesse. Du jour au lendemain pourtant, si jeune, je prends alors conscience de la nécessité pour moi de devenir un petit homme.

Un mois à peine après ce premier choc frontal avec la vie, je perds ma dernière sœur, tout juste âgée d'un an. Je reçois donc la mort en pleine gueule, dès les toutes premières années de mon existence. Et oublie très tôt de cajoler mon nounours.

Pour ma mère, déjà fragilisée par des ennuis de santé et plusieurs grossesses, c'en est trop. Ravagée par le désarroi, en proie à une situation économique et sociale plus que dégradée, analphabète, maman vacille puis envoie des signaux de détresse. Heureusement, notre famille nombreuse, très solidaire, s'est regroupée dans une maison, à Clichy-sous-Bois, où je suis né un jour d'août 1953. Mon père avait pris la précaution d'acheter ce modeste pavillon de banlieue – que nous possédons toujours – situé à deux coudées de celui de mes grands-parents. J'y vivrai jusqu'à l'âge de trente ans.

Les deux malheurs ont un effet immédiat. Ils nous rapprochent les uns des autres. Puis nous incitent à partager les tâches courantes du quotidien. Ce réflexe de survie demeure, aujourd'hui encore, d'actualité. Bien que nous ne soyons plus que trois de ce monde, nous sommes restés très unis.

Ma sœur aînée s'occupant des problèmes administratifs, je deviens vite, en gamin débrouillard, le protecteur de mon petit frère, benjamin de la famille, que je n'ai pourtant précédé que de quelques mois.

Les bonnes habitudes se prennent vite. Chacun a compris la situation et met donc un point d'honneur à exécuter, en temps réel et sans discussion intempestive, les demandes de notre mère. Il faut préciser que son état, mélancolique pour ne pas dire dépressif, en dépit de la proximité des grands-parents, nous inquiète passablement.

L'école, dans tout ça ? Malgré ce sombre contexte, j'aurais pu, dans les matières scientifiques surtout, aux dires de certains de mes profs, exprimer quelques facilités. Hélas, l'honnêteté m'oblige à le reconnaître : je ne serai jamais un élève studieux. Non que l'ensemble des cours me barbe, mais nous sommes mal informés sur les métiers que nous pourrions choisir. De même qu'à propos de leur éventuelle adéquation à nos aptitudes.

Mon père, bien qu'assez érudit en littérature arabe, s'est retrouvé à poser des rails de chemins de fer. Et je ne me sens guère chaud pour suivre son exemple. En revanche, je cultive une passion précoce pour la mécanique. Au sens large. Avec une nette prédilection pour les moteurs de mobylettes.

Ainsi, papa possédant une Peugeot 102 à l'époque, je n'hésite pas – à cinq ans – à m'allonger sur le sol afin d'en gratter furieusement le pot d'échappement. Au grand dam de ma mère et de ma sœur aînée. La bécane exerce sur moi un intérêt constant, quasi obsessionnel, alors mon père finit par prendre la chose du bon côté. Puis à se marrer quand je lui répète :

— Je veux devenir *carmicien* plus tard.

Il ne me reste que de vagues souvenirs de ce temps-là. Mais il faut croire que j'avais de la suite dans les idées. Je n'ai pas atteint seize ans lorsque j'entre, comme apprenti, dans mon premier garage. Le bonheur ! J'y suis volontaire et, surtout, déjà convaincu d'une évidence : je me sens fait pour ce job et n'en choisirais aucun autre. Je bosse beaucoup. Avec ardeur. Y compris l'été, pendant les vacances scolaires, alors que les copains rêvent de partir se dorer la pilule sur les plages. J'aime ça et ne m'en lasse pas. Puisqu'il faut bien gagner sa pitance, j'enchaîne donc les petits boulots temporaires. D'abord, en juillet-août, dans une entreprise qui rénove tous les points lumineux de la gare de l'Est. Ensuite, pour une menuiserie aux Sept-Îles, à Montfermeil, non loin de la maison familiale.

Sur la bonne voie

La mécanique et moi, ça a vraiment commencé avec le vélo. Mon tout premier véhicule. Adolescent débrouillard, je répare mes crevaisons, ainsi que mes bécanes, de même que celles des copains. Avec des outils de fortune, s'il le faut : fourchettes et cuillères dont j'utilise les manches en guise de démonte-pneus. Les couteaux, eux, servent plutôt de tournevis. Les burins font merveille pour défaire boulons et papillons récalcitrants. Bref : rien ne m'arrête bien longtemps. Je ne suis jamais à court d'idées.

Idem quelques années plus tard avec les mobs. Sauf que je dispose maintenant d'instruments perfectionnés afin de mener à bien mes travaux.

Enfant, j'épate déjà les miens par mes aptitudes en ce domaine et ma passion dévorante. Un jour, un cousin, heureux propriétaire d'une Frégate, un modèle de voiture dans l'air du temps, me demande de venir l'aider à extraire une pièce essentielle du moteur qui lui donne du fil à retordre. Je ne suis pas bien vieux. Douze ans tout au plus.

— Avec tes petites mains, tu vas y arriver sans problème.

Cela se vérifie en une poignée de minutes. Dès que l'on me sollicite pour ce genre de service, j'y file en courant. Et le succès est au rendez-vous. À ce rythme, je m'aguerris vite. L'évidence s'impose aux yeux de tous – et surtout les miens – mécano je serai donc.

Fort de cette formation *in situ*, je me sens déjà costaud lorsque démarre mon premier taf, en tant qu'apprenti, dans un garage du coin. Mais il me faut sauvegarder les apparences et faire mine de partir de zéro. Je patiente un peu en virant la ferraille, en vidant les poubelles et en nettoyant la cour. Le reste du temps, je ronge mon frein – c'est le cas de le dire – en rêvant de m'attaquer à des moteurs. À cette époque, démonter une bagnole représente une véritable récompense pour moi. D'autant que je suis persuadé d'avoir choisi la bonne voie. Le chemin qui me fait face semble tout tracé. En attendant de pouvoir acheter un garage, puis de me lancer à mon propre compte.

Heureusement, cette foutue période ne sera pas trop longue… enfin : après ma sortie de cabane.

Swinging Sixties *et bon vieux temps du rock'n'roll*

Chaque mois, je verse l'intégralité de mon salaire à ma mère. Ne serait-ce que pour faire bouillir la marmite. Je ne prends même pas la peine d'ouvrir l'enveloppe – en ce temps-là, les saisonniers étaient payés en espèces.

De ces années de jeunesse, je me remémore aussi nos aventures vécues entre potes. Ainsi que les merveilleux voisins qui nous entouraient de leur amitié. Des « Français de souche », comme les désignent aujourd'hui certains, non sans dédain. Un demi-siècle plus tard, il m'arrive encore d'en rencontrer. Je me souviens en particulier d'une famille de (vrais) chrétiens qui, tous les jours, mettait un point d'honneur à accorder ses préceptes religieux avec ses actes. Des gens bien ! L'épouse était catholique et son mari protestant, ce qui n'avait aucune incidence dommageable sur la vie familiale. Au contraire. Il s'agit sans doute du couple le plus harmonieux que j'aie jamais rencontré.

Depuis quelques mois, une période formidable pour moi a débuté : l'envolée du rock'n'roll. Mon oncle travaille à Prisunic, l'ancêtre de Monoprix. Il rapporte à la maison tous les disques d'Elvis, qui le rendent marteau. Bien sûr, dans la foulée j'en viens à écouter Johnny. Un voisin et ami, qui gratouille la guitare, me fait ensuite découvrir Brassens et ses textes fabuleux. Comble du plaisir, dès qu'une fête s'organise dans le coin, des pointures viennent s'y produire. Eddy Mitchell et ses Chaussettes noires, Danyel Gérard et quelques autres du même niveau ou presque. Une époque magique !

Paris et sa banlieue ne faisaient alors qu'un pour célébrer cette révolution musicale qui déferlait sur le pays. On ne ressentait rien qui ressemble, de près ou de loin, à cette espèce de désolation sévissant désormais dans certains quartiers du 9-3. Ni du sentiment d'abandon qui l'accompagne.

Je suis, tout à la fois, un enfant de la France des années de Gaulle et de l'Algérie indépendante. Cela ne changera jamais, tout au long de ma vie. C'est très bien comme ça et je le revendique. Mais je ne découvre les traditions culturelles et musicales de mes origines qu'à l'occasion de mariages intrafamiliaux ou de proches, vers 1966-1967. Plus tard donc que les bals musette et le rock, qui m'enchantent.

Ma mère étant très mélomane, nous possédons deux tourne-disques Teppaz. Le *must* du moment. Quant à la télé, nous l'avons dès 1963 – avec un clavier à verrou, s'il vous plaît, dont maman conserve la clé – et pas question de s'en approcher avant d'avoir fini nos devoirs. Les programmes de ce temps-là n'étaient pas non-stop. Ils s'interrompaient à partir d'une certaine heure. Hélas !

En revanche, nous ne jouissons pas encore des bienfaits de l'eau courante. Il nous faut aller la chercher à une fontaine, heureusement assez proche de chez nous. Les fréquentes coupures d'électricité nous obligent à garder à portée de main des bougies afin de nous éclairer, le soir, quand surviennent les pannes de secteur. Un jour, enfin, l'eau courante arrive jusqu'à notre foyer. Puis le tout-à-l'égout. Avant ces années d'opulence, nous allions prendre nos douches aux Bains municipaux, l'hiver. L'été, on se contentait d'un bac déposé au beau milieu de la cour.

Durant ces belles *Sixties*, ma mère décide un jour de faire installer une salle de bains. Toute la famille ne tarde pas à s'y ruer. Mais à tour de rôle et dans la discipline. Les filles ayant priorité sur les garçons.

Après la retraite de mes grands-parents survient un coup de théâtre. Les anciens annoncent qu'ils retournent finir leurs jours « au bled ». Puis s'en vont. Je suis élevé dans l'idée que je ferai un jour la même chose, et finis donc par m'en accommoder.

— Quand le pays aura enfin décollé économiquement, m'explique ma grande sœur.

Sauf que cela ne se produira jamais. De mon vivant, du moins.

Passons...

Il m'a fallu un peu de temps pour comprendre que mon existence se terminerait en France. Vers l'âge de seize ans. Pas davantage.

Les années de plomb

Ma mère meurt à cinquante-sept ans du diabète. Un fléau du côté de sa parentèle. Depuis fort longtemps, sa santé demeurait précaire. J'ai alors une trentaine d'années et me trouve incarcéré à Fleury-Mérogis.

Nous sommes en 1984. Malgré la demande insistante de mon avocat, je ne peux assister à ses obsèques. Mes deux parents sont aujourd'hui inhumés en Algérie. L'ironie de l'histoire, c'est que mon père aura eu les honneurs militaires des deux côtés de la Méditerranée. D'abord enterré en France, avec force trémolos, en tant que résistant durant la Seconde Guerre mondiale. Ensuite là-bas, après que nous l'avons fait transférer au cimetière des armées, à Tlemcen. Comme combattant de l'indépendance algérienne. Ou *moudjahid*, si l'on préfère.

Une habitude familiale dont je ne suis pas peu fier. La mémoire de mon grand-père, poilu de 14-18, a, elle aussi, était honorée par la République. Quant à mon père, Croix de guerre 39-45, il a reçu deux palmes, l'une de bronze, l'autre d'argent, pour ses exploits. Au terme du débarquement de Provence, auquel il a participé, la campagne qui s'est ensuivie l'aura mené jusqu'en Autriche.

L'Histoire, avec un grand H celle-là, ce n'est décidément pas l'autoroute...

Par ignorance de la vérité, j'en ai longtemps voulu à la France d'avoir participé à son « assassinat ». Bien plus tard, j'apprendrai qu'il a en fait été victime d'un règlement de comptes entre factions rivales algériennes. Lui militait au FLN ; ses tueurs au MLA[1]. Les faits se sont déroulés sur le sol français. Ce qui en dit long sur le lourd contexte de l'époque.

Je ne serai affranchi de ces tragiques événements que vers l'âge de dix-huit ans. Mes souvenirs, diffus, remontent alors à la surface. Je me rappelle des années 1961-1962 et de la fébrilité, inhabituelle, qui semblait s'être emparée des miens. Des membres de la famille se rendaient auprès de ma mère. Ils avaient l'air catastrophés et parlaient, presque tout le temps, d'une actualité, importante et dramatique, qui se déroulait à Paris. Je me souviens également des fréquentes pannes de

1. Mouvement de libération de l'Algérie : formation indépendantiste concurrente du FLN (Front de libération nationale) et dirigée par Messali Hadj.

courant. Un soir, l'un de nos voisins était venu, muni d'une chandelle, afin de s'assurer que tout allait bien chez nous. Le brave homme craignait sans doute que le meurtre de mon père ait d'autres conséquences funestes dans notre famille.

Des tensions tout aussi palpables se ressentaient, à cette époque, avec les policiers. Il faut avouer que ceux-ci servaient souvent de cibles au FLN. Un climat de suspicion, étouffant, en résultait à l'égard des Maghrébins dans leur ensemble. Tous se voyaient, sans distinction aucune, qualifiés d'« Algériens ». Certains, originaires d'autres pays arabes, appréciaient assez peu ce traitement.

Cela me paraissait incompréhensible. D'autant plus que l'on m'enseignait alors, avec insistance, les défaites de mes « ancêtres les Gaulois » face aux légions romaines. Du coup, je m'y perdais un peu. Étais-je un Algérien français ? Ou bien un Français d'Algérie ? Les deux, mon général !

De Gaulle ? J'ai d'abord entendu beaucoup de critiques à son égard au cours de ces années de plomb. « Le Vieux », « le Grand Charles » ne faisait pas l'unanimité parmi nos proches. Chez nous, on l'aimait plutôt bien. Son célèbre « Je vous ai compris » nous semblait de bon augure. Et puis un jour, nous sommes allés en Algérie. À notre grande surprise, dans les rues, les gens l'appelaient « mon oncle » en arabe. Une marque de respect, positivement connotée, pour les musulmans.

Dans les faits, avec le recul du temps, les choses m'apparaissent plus contrastées. La victoire militaire de de Gaulle est indéniable. Mais sa défaite politique, tout aussi évidente à mon avis, a pesé lourd au bout du compte.

J'ai réalisé en 1962 que la guerre était terminée, lors d'une fête organisée par la communauté algérienne de mon quartier. Victuailles et boissons de toutes sortes y abondaient : méchoui, gâteaux, fruits secs, thé à la menthe... et surtout des drapeaux algériens dans tous les coins. Je me sentais mal à l'aise, ayant voulu me persuader jusque-là que tout cela ne me concernait pas.

Aujourd'hui, j'ai conscience que ces événements tragiques ont bel et bien perturbé mes jeunes années. Je me posais beaucoup de questions, auxquelles je n'obtenais que rarement une réponse. Je n'ai vraiment découvert ma double appartenance, nationale et culturelle, qu'au cours de la décennie suivante. Mieux vaut tard que jamais !

Dans mes classes successives, au contact d'autres élèves maghrébins, je comprends alors que tout n'ira pas de soi pour notre intégration au sein de la population française. Nos traditions, notre façon de célébrer les mariages et puis, bien sûr, le ramadan, que dans ma jeunesse je pratique par égard pour mes parents et ma famille, sont-ils « franco-compatibles » ? Il m'arrive d'en douter.

Je n'ai jamais eu la foi, mais j'ai toujours respecté ceux qui l'ont

Je sais déjà, à ce moment-là de ma vie, que je ne suis pas croyant. Vers l'âge de trente ans, je cesserai d'ailleurs toute forme de pratique religieuse. Une question d'honnêteté vis-à-vis des autres comme de moi-même. La vérité, c'est que je n'ai jamais eu la foi. Même si je respecte ceux qui l'ont.

Ma scolarité, elle, s'arrête au début de l'année de quatrième. J'ai alors quinze ans et demi, et la ferme volonté de devenir apprenti puis de gagner ma croûte. Le plus tôt sera le mieux. Je quitte malgré tout l'école lesté d'un certificat d'études. Au grand soulagement de ma mère. Mais j'éprouve un sentiment d'inachevé, dans la mesure où j'apprécie quelques matières. L'histoire que j'adore, ainsi que, à un degré moindre, certaines épreuves de français. Les *Fables* de La Fontaine, apprises de moi-même par cœur, me fascinent. Tant de bon sens concentré dans des textes aussi accessibles, cela me bluffe. Je découvre aussi avec délice l'œuvre de Victor Hugo, dont je deviens carrément fana lorsque je lis *Les Misérables*.

L'action initiale se situe à Montfermeil, autant dire à deux pas de chez nous. Oui, en ce temps-là, je lisais...

Comme ça paraît loin !

Enfin, à l'instar de nombreux Arabes, j'ai une franche prédilection pour les matières scientifiques. Maths, physique et technologie en particulier. Je n'irai pas assez loin dans mon cursus scolaire pour pratiquer la chimie. Dommage. J'aurais sûrement « kiffé » la chose. En revanche, je suis une véritable bombe en calcul mental. Au point d'impressionner mes profs et condisciples. Ma grande faiblesse ? L'orthographe. Un désastre absolu ! Incurable de surcroît.

Au lycée technique, où l'on nous enseigne les premiers rudiments de la mécanique générale, je me retrouve davantage face à des pros aguerris de la branche que devant des pédagogues. Cela dit sans aigreur aucune. À l'issue d'une année dans l'établissement, qui ne m'a pas laissé de souvenirs impérissables, un prof passe – enfin – en revue les différents métiers auxquels on peut espérer accéder *via* cette filière. Attendu que je suis un gars plutôt concret, j'approuve. En silence, cela va de soi.

Du coup, je décide de passer un CAP, par correspondance, financé avec mes propres deniers, auprès d'une école non agréée par l'Éducation nationale. L'idée consistant à acquérir un peu de théorie avant de m'immerger dans la pratique du job. Non seulement j'obtiens le diplôme, mais la démarche se révélera utile. Surtout le volet électricité automobile, qui m'aidera beaucoup pour la suite. Y compris, quelques années plus tard, quand je passerai un nouveau CAP de dessinateur industriel – en construction mécanique cette fois – dans des conditions inhabituelles. J'y reviendrai.

À cette heure, ma religion est faite. Je dirai qu'entre l'école et moi, plutôt que d'un échec, on peut surtout parler de rendez-vous manqué. Même si, au bout du compte, le résultat demeure identique. Je suis sans doute passé à côté de mes aptitudes, qui dans certaines disciplines étaient pourtant réelles.

Des regrets ? Un peu, bien sûr. Ma scolarité se résume à un mot : gâchis. Avec le recul, je me dis qu'un bon boulot d'ingénieur en électronique m'aurait bigrement intéressé… Mais nul n'a le pouvoir de réécrire l'Histoire. Surtout la sienne.

9

MacGyver version *bad boy*

En bon Arabe qui se respecte, question mariage, j'ai été piégé de mon plein gré par ma mère. Classique et imparable. Chez nous, ce moment, pourtant clé dans l'existence, est souvent une affaire de femmes. Un peu comme dans de nombreuses familles juives – mais ne sommes-nous pas cousins au premier degré ? – le principe de base réside dans le mariage arrangé.

Dans un premier temps, je me rebelle. Puis m'oppose fermement à ce choix que l'on prétend faire à ma place. Ma mère le vit mal et, comme toujours, je m'adoucis avant de finir par céder à ce chantage affectif. Petit à petit, à force de cogiter la question – je suis peut-être un vrai cérébral, après tout – je m'aperçois que ce système, si volontiers brocardé par les Occidentaux, a tout de même ses avantages. Pourquoi ? Parce que dans un monde où solitude, déclassement social et misère sexuelle constituent autant de fléaux qui rongent les êtres humains, à tout le moins, il a le mérite de ne laisser personne sur le bas-côté.

À titre d'exemple, je cite toujours l'histoire de l'un de mes cousins. Un type adorable, mais lourdement handicapé par les séquelles d'une attaque de polio, en fort surpoids et complexé au possible. Autant dire que cela n'aurait pas été du tout cuit, pour lui, de trouver si j'ose dire chaussure à son pied. Eh bien, je l'ai vu épouser une fille très jolie qui ne souffrait – le mot est fort, car cela lui donnait un charme supplémentaire – que d'un léger strabisme convergent. Aujourd'hui, tous deux vivent toujours ensemble, ont fondé une famille et semblent heureux.

Mes parents, eux aussi, sont partis d'une union arrangée. Puis ils se sont aimés. Passionnément. Jusqu'à l'issue fatale pour mon père. Après sa mort, il n'a jamais été question pour ma mère de se remarier. Entre Farida et moi, ça s'est fait aussi de manière naturelle. Mon beau-père se montrait encore plus dur avec ses filles que le grand-père chez nous. Et nos deux familles étaient amies. Le reste a donc suivi. À l'époque, il ne paraissait guère convenable pour une famille arabe d'intégrer une fille d'origine européenne au sein de la cellule parentale.

Les mentalités ont sans doute évolué depuis. Tant mieux ! Mais, ayant été élevé moi-même selon ces principes, cela ne me paraissait pas extravagant. Je me suis donc marié à vingt-quatre ans. Farida, elle, en avait vingt. Une année plus tard naissait Amar, notre premier fils.

Premier coffre-fort avant la case prison

Je dois avouer qu'à cette époque, je n'étais déjà plus un premier communiant. Même si, jusqu'à l'âge de dix-huit ans, ma vie s'était déroulée sans anicroche. Mon premier accroc ? Dans un Mini-Market, à Rosny-sous-Bois, dont des copains avaient repéré le coffre-fort. Plutôt bien rempli, le bougre ! Avec ma réputation déjà bien établie de bricolo auquel pas grand-chose ne résistait, ils m'ont perçu très vite comme l'homme de la situation. Un statut que je ne faisais rien pour démentir. Du coup, lorsqu'ils m'ont demandé si je disposais de la solution à leur problème, j'ai répondu par l'affirmative.

Et en voiture pour la première connerie de ma vie !

Nous nous sommes réparti les tâches. Simplement. Les gars se chargent du cambriolage. De nuit. Puis ils m'amènent le coffre, au petit matin, en m'enjoignant de l'ouvrir. Je passe, tout de même, cinq à six heures sur le bestiau, dans un petit atelier que je me suis aménagé. Mais l'affaire se termine bien. Mieux même que nous ne l'imaginions. À ma grande surprise, nous trouvons dedans la somme rondelette de 100 000 francs environ. De quoi s'acheter beaucoup de trucs chouettes en ce temps-là. J'habite certes toujours chez ma mère, mais ni vu ni connu.

Conquis par ces premiers pas déconcertants de facilité dans la délinquance juvénile, puis l'opulence, j'en redemande. Pour le casse suivant, je manifeste ma volonté d'en être. Eu égard à ma renommée, plus que justifiée à leurs yeux, de MacGyver version *bad boy*, mes comparses obtempèrent. Cette fois, tranquille, je récupère la part qui m'échoit sur le théâtre même des opérations. Puis j'enchaîne, sans la moindre réserve, quand ils me proposent de participer à d'autres projets alors sur le feu.

Plusieurs parties de monte-en-l'air se succèdent ainsi. Toutes exemptes de dégâts. Ce genre de truc, c'est comme le casino ou des addictions du même style. Ça paraît tellement fastoche qu'on y prend goût en moins de temps qu'il en faut pour le dire. Et là, bonjour la gamelle !

À force de tirer sur la corde, elle finit par casser. Net ! Les pandores, sans doute affranchis de nos exploits, nous pincent en douceur – et en flagrant délit, ce qui ne gâte rien – une nuit, dans un magasin. Précisons cependant, à notre décharge, que ces nombreux cambriolages aussi culottés que lucratifs, et plutôt bien montés, se déroulent sans la moindre violence contre des personnes.

Ce détail, aux yeux des magistrats, ne change rien. Je suis condamné à trois ans de prison ferme. Dans les faits, je purgerai deux années et demie à la maison d'arrêt de Melun. Nous sommes en 1971, et le chef d'inculpation qui m'est reproché, « association de malfaiteurs », est parfaitement justifié. Je faisais bel et bien partie de l'équipe, dont j'étais devenu un membre à part entière. À chacune de nos virées nocturnes, je trimballais mon matériel de soudure autogène avec moi : chalumeau découpeur et petite bouteille mixte, acétylène et oxygène. Afin de pouvoir opérer sur site.

Le délit, certes de nature criminelle, s'additionne aux vols en réunion et effractions, le tout avec préméditation, et relève sans nul doute du droit pénal. Ma première rencontre avec la justice, puis la prison, finit mal. Mais je n'y vois rien à redire. Ou, plutôt si. Nous sommes encore, en l'espèce, dans un schéma de petite délinquance. Le grand banditisme, ce sera une décennie plus tard.

La preuve ? À ma sortie de prison, je n'ai qu'une seule idée en tête : repartir de l'avant, me marier, fonder une famille puis gagner ma pitance. Ce sera chose faite et sans traîner en route. Je déniche un job sympa dans une boîte de calorifuge – chauffage et air conditionné – où je suis en charge de l'entretien des machines-outils. C'est là que je me lie avec mes futurs employeurs du garage Renault. Où j'entrerai bientôt comme mécano, avant de prendre en main le magasin du garage, ainsi que la vente de pièces détachées.

Je redémarre donc dans le droit chemin, et ce pour neuf années. Le tout en bossant d'arrache-pied, six jours sur sept, de 9 à 22 heures. Bien que rentrant harassé le soir, je trouve le temps, de même que la recette, pour concevoir mon premier garçon. Bon, OK, Farida m'a bien aidé en y mettant du sien, elle aussi.

C'est-y pas beau la jeunesse ?

La baraka surgit, puis prend la poudre d'escampette

Nous sommes en 1974. Valéry Giscard d'Estaing s'installe à l'Élysée. J'ai vingt ans et viens de purger trente mois à la maison d'arrêt de Melun. Une expérience dont je me serais volontiers passé. Mais je m'en remets vite. D'abord simple manœuvre, puis homme à tout (bien) faire dans le fameux magasin de calorifuges, je coule des jours plutôt paisibles.

Décidément peu avare à mon égard, la chance se présente un jour sous les traits d'un monsieur élégant, d'âge mûr et de belle prestance. Comble de baraka, je le connais déjà de vue, car il s'agit du propriétaire d'un garage Renault proche de chez mes parents. Qui plus est, il officiait en tant que cadre dans une société qui m'a employé à mi-temps, quelques mois plus tôt.

Bref, nous sympathisons pour de bon. Très vite, parce que l'on s'apprécie mutuellement, il me confie avoir été contraint de placer son garage en gérance pour raison de santé. Mais maintenant qu'il va mieux, il a la ferme intention d'en reprendre bientôt la direction. Puis il me fait une promesse : dès que ce sera possible, il m'embauchera.

Parole tenue. Me voici non seulement engagé – en CDI s'il vous plaît – peu de temps après nos retrouvailles, mais, dans la foulée, je suis bombardé responsable du magasin de pièces détachées. En sus de mes tâches, déjà prenantes, de mécano.

Le salaire est à l'avenant. Je ne me plains donc pas. Loin de là. Même si les journées sont longues et le boulot toujours plus exigeant. Comme pour mieux souligner la confiance qu'il me témoigne, le monsieur me donne carte blanche, avec mission de remettre le commerce dans le sens de la marche, après un intérim de gérance qu'il juge peu probant. Ultime geste de magnanimité de sa part, je serai intéressé au chiffre d'affaires afin de mieux me motiver. N'en jetez plus !

Flatté par tant de bienveillance et de gentillesse, je comprends, à ce moment de ma vie, qu'il est préférable de travailler dans un commerce sain plutôt que de ployer sous le capot d'une voiture. Que n'ai-je été capable de m'en souvenir par la suite !

Trois années durant, je bosse, d'arrache-pied mais la joie au cœur, pour mon bienfaiteur, et du même coup constitue mon premier pécule. Honnête, s'entend. Hélas, ses ennuis de santé le rattrapent et le monsieur, déjà plus tout jeune, doit cette fois se résoudre à vendre le garage. Nous sommes rachetés par Mercedes. D'emblée, la politique commerciale, puis les rapports humains et sociaux changent du tout au tout. Très vite, les nouveaux tauliers me font comprendre que mon statut dans la boîte n'est plus le même et que je n'ai guère d'intérêt à y demeurer.

Message reçu cinq sur cinq.

Pendant mon humble période de management du magasin, je me suis lié d'amitié avec l'un de nos fournisseurs, propriétaire d'un commerce de pièces détachées du centre-ville de Gagny. Un pied-noir d'Algérie, d'origine espagnole, lequel possède déjà une autre boutique dans la région. Lorsque je lui avoue être à la recherche d'un nouveau job, son sang ne fait qu'un tour :

— Dès que tu as fini avec le garage du Temple, tu viens chez moi quand tu veux.

Fort refroidi dans mon enthousiasme par l'ambiance qui règne désormais au garage, je ne finasse pas outre mesure. Dès le vendredi, en fin de journée, je dépose ma lettre de démission sur le bureau du chef d'atelier. Le lundi matin qui suit, je prends mon nouveau poste à Gagny. À l'époque, les choses se passaient ainsi dans ce milieu. Les chiffres du chômage, il est vrai, n'atteignaient pas les sommets d'aujourd'hui.

Les affaires de mon nouvel employeur marchent si bien qu'un troisième magasin ne tarde pas à ouvrir ses portes, à Aulnay-sous-Bois. On m'offre une fonction de vendeur-mécano sur place. Un statut assez proche, les responsabilités en moins, de celui dont j'avais hérité au garage du Temple. Je n'hésite donc pas.

Les ventes sont dopées par le rayon autoradio. La grande folie du moment, dont on vit alors les balbutiements. Les premiers exemplaires, chinois et peu fiables, donnent du souci aux clients. Un gros problème d'alimentation, dû à une conception assez spartiate. Comme je réussis à en réparer un, deux, puis trois et, enfin, une bonne douzaine, me voilà promu au rang de spécialiste. Avec tous les égards qui accompagnent cet enviable statut.

L'expérience du management tourne en eau de boudin

Du coup, quand se décide l'ouverture d'un quatrième magasin, sis au centre commercial Les Arcades à Noisy-le-Grand, la direction me demande d'en assurer l'ouverture, puis de prendre en charge son organisation. Celui-ci est intégralement dédié aux accessoires automobiles. C'est donc peu dire que je m'y retrouve comme un poisson dans l'eau.

Quelques mois passent, dans l'euphorie générale. Jusqu'au jour où le patron tombe malade à son tour. Affaibli après une longue période de « convalo », il choisit de réduire notablement sa charge de travail. Puis la nouvelle s'abat, tel un coup de bambou : le magasin, celui de Noisy-le-Grand, est à vendre. Les associés me convoquent pour un entretien. Surprise : ils me proposent de me porter acquéreur du commerce. Je sollicite un petit délai de réflexion. Mais pourquoi pas, après tout ? J'ai toujours souhaité me mettre à mon compte. N'est-ce pas l'occasion rêvée ? D'autant que mes trois ans au garage du Temple m'ont permis de constituer un confortable matelas, nécessaire afin de démarrer correctement dans la vie professionnelle. Comme pour balayer mes ultimes hésitations, mes employeurs se déclarent prêts à se porter cautions, en ma faveur, auprès d'un établissement bancaire. L'opportunité est trop belle. Je la saisis. Banco !

En cette année 1978, me voilà lancé dans la première véritable aventure commerciale de mon existence. Je viens alors d'avoir vingt-cinq ans. Mon premier garçon est né. Très tôt, pourtant, cela se passe moyen. Je m'impose de lourds sacrifices en serrant la vis tous azimuts, afin de rembourser mes crédits au plus vite. Les résultats se révèlent plutôt minces. Pour ne pas dire inexistants. Le diable, pour moi, se trouve non dans le détail, mais bien dans les accessoires.

À partir de ces semaines terribles s'enclenche alors le mécanisme infernal. Impitoyable, celui-ci va m'amener à sortir des clous. Par rébellion, un peu, et surtout par dégoût d'un système qui m'écrase. Devenir l'esclave des banquiers en tendant l'autre joue ? Très peu pour moi !

Mon premier quart de siècle ne s'était pas si mal passé. Une famille, un gosse, un boulot stable et rémunérateur, la confiance et l'estime de mes patrons. En quelques mois à peine, tout ce bel univers s'effiloche.

Cette fois, la chance – la gueuse – est bel et bien de sortie !

10

Première plongée chez les grands bandits

À défaut de prendre perpét', ainsi que me l'avait laissé entendre, en guise de menace, le juge du tribunal de Bobigny, après mon arrestation par l'Office central de répression du banditisme (OCRB), pour vol et recel de magnétoscopes, j'écope donc de neuf années de détention. Un total sur lequel je purgerai cinq ans et dix mois. Grâce à une remise de peine, consécutive aux passages de plusieurs examens – réussis – en prison. Cette disposition alors prévue par le Code de procédure pénale, à mon sens excellente car elle tirait les taulards vers le haut, a été abrogée depuis. Pour cause de « laxisme », évidemment.

Je passe d'abord mon BEPC[1]. Puis un CAP de dessinateur industriel. Suivent deux années de droit en auditeur libre menées, le plus souvent, par correspondance, et à mes frais. À titre d'exemple, j'acquitte une somme de 600 francs de l'époque rien que pour l'achat de bouquins. Ma motivation est double : apprendre le plus de choses possible pendant mon temps passé au violon, tout en diminuant la durée de ma peine. Les deux objectifs seront atteints.

1. Brevet d'études du premier cycle.

Ces quatre années de détention, je les effectue à Fleury-Mérogis. Les deux suivantes, au centre de détention de Melun. Le système carcéral y est plus ouvert. De 7 à 19 heures, les prisonniers sont supposés s'adonner à de nombreuses activités. Essentiellement des travaux d'intérêt général. Pour ma part, je choisirai la maçonnerie. Jusqu'à 17 h 30 environ. Ensuite, nous avons quartier libre, en attendant notre retour en cellule. Le régime des centrales, lui, est beaucoup plus strict et surtout, hélas, sédentaire.

Au terme de ces dix-huit mois passés à Melun, une bonne surprise tombe du ciel. Avec la réélection de Mitterrand, en ce printemps 1988, on m'octroie une remise additionnelle de peine, d'une quarantaine de jours de détention.

Champagne ? La réalité est beaucoup plus sombre. Tout au long de ces six années, sans même m'en rendre compte, je suis devenu un autre mec. Je n'ai entendu parler que de braquages, de recels, de faux papiers, d'achats d'armes ou d'explosifs. Voire pire encore. J'ai croisé quantité de maîtres en la matière : des gars issus du FLNC en Corse[1], d'Iparretarrak[2] au Pays basque, et autres terroristes internationaux. Parfois de grand renom. À leur contact, j'aurais pu apprendre plein de choses.

Aucun doute possible, c'est bien pendant cette période que ma vie bascule, définitivement, dans le grand banditisme. Pourquoi ? Simple : quand tu sors de là, tout est déjà perdu pour toi. Ou presque. Une existence entière à reconstruire. Alors à trente-cinq balais, tu parles ! Et encore : j'ai la chance de retrouver ma famille, qui n'a pas explosé entre-temps. D'autres gars, eux, plongent dans la cloche. Ils finissent à la rue.

---

1. Front de libération national corse : organisation indépendantiste, longtemps engagée dans la lutte armée contre les autorités françaises.
2. « Ceux du Nord », en langue basque : organisation indépendantiste, longtemps engagée dans la lutte armée contre le gouvernement central espagnol.

Ayant cotisé durant toutes mes années en tant que salarié, je me pense un temps éligible aux allocations chômage. Une blague ! Ma demande en ce sens se voit recalée par la juge d'application des peines. Circulez !

Au terme de cette trop longue détention, le bilan peut se résumer simplement. Une condamnation – délirante – à neuf ans de taule, pour complicité, concernant pour partie des faits que je n'ai jamais commis. (Comme pour bien enfoncer le clou, deux autres co-inculpés, comptant pas moins de cinq braquages à leurs pedigrees respectifs, en ont pris pour onze et dix ans de réclusion criminelle.)

Un destin brisé. Pas la moindre perspective d'avenir. La ruine financière et sociale. Enfin, plus aucune illusion. Ni sur la société ni sur le système.

Dur de résister à la tentation de la haine quand tu vis tout cela. J'y parviendrai pourtant. Mais le sentiment du dégoût, lui, me submerge.

Après ces six années d'injustice aux conséquences irréparables, je suis déjà dans ma tête un truand endurci. À l'instar de mes pairs, je n'ai même plus peur de la police. Quand tu en arrives à ce stade, et que tu n'as plus grand-chose à perdre, c'est souvent le commencement de la fin.

*

Ces réserves – essentielles – faites, il me faut avouer une évidence : les quatre années passées à Fleury comptent parmi les plus déterminantes de ma vie. Mais pour d'autres raisons aussi. J'y croise en effet, et à plusieurs reprises, truands célèbres et autres personnalités, fort médiatiques, dont les exploits défraient la chronique. Des types du calibre de Roger Knobelspiess – le « parrain » de l'époque – Bruno Sulak et, à un niveau moindre, les ravisseurs du baron Empain, purgent leurs peines lors de mon arrivée. *Idem* pour les leaders du FLNC, dont plusieurs membres de la redoutée famille

Santoni, des terroristes du commando ayant tenté d'assassiner Chapour Bakhtiar, dernier Premier ministre du shah d'Iran, à Paris, et plusieurs complices, de haut vol pour la plupart, de Jacques Mesrine. Lequel continue de mettre en transe l'essentiel des grands médias.

Knobelspiess : un seigneur en immersion chez les truands

On rencontre comme qui dirait du beau linge dans les couloirs de Fleury, en ce temps-là. Et la première plongée au plus profond de l'univers des grands bandits laissera des traces indélébiles dans mon existence, déjà passablement chahutée, de petit voyou banlieusard.

À tout seigneur tout honneur, il convient de commencer par Knobelspiess. Quand le Groupe d'intervention de la gendarmerie nationale (GIGN) vient le chercher pour les besoins de l'instruction, le malheureux Roger bénéficie, à chaque fois, d'un régime spécial en tant que « détenu particulièrement signalé » (DPS). On ne prête qu'aux riches, dit-on. En détention, pourtant, il se comporte plutôt comme un gars tranquille, discret, et met un point d'honneur à aider ceux, souvent dans la panade, qui viennent à lui.

Un type bien. Certes il s'agit d'un braqueur, mais sûrement pas d'un assassin. Ce qui, par parenthèse, ne l'a pas empêché d'en prendre pour quinze ans. Dès sa première condamnation. Son cas avait fini par émouvoir des personnalités du Tout-Paris. Et de premier rang, avec ça ! Citons Yves Montand et Simone Signoret, le plus célèbre couple du cinéma français, à l'origine de la création de son comité de soutien. La petite histoire prétend que ces deux people ont convaincu Knobelspiess de rédiger un livre (*QHS, quartiers de haute sécurité*), afin d'y dénoncer le régime, quasi inhumain, réservé aux détenus réputés les plus dangereux de l'époque. Son avis d'expert y fait d'autant plus référence qu'il y a lui-même passé quelques lustres. Mais la proximité du tandem Montand-Signoret permettra à Knobel d'obtenir une remise de peine, puis une mesure de libération conditionnelle des autorités mitterrandiennes d'alors.

Pendant huit mois, nous partagerons tous deux les mêmes heures de promenade. Le reste du temps, il n'est pas rare que l'on se croise, dans l'enceinte même de la prison. On discute beaucoup. De tout et de rien. Parfois même de politique. C'est un gars intelligent et parfaitement connecté à l'actualité du moment. Ni lui ni moi n'éprouvons la moindre haine à l'égard de qui que ce soit. Juste une réelle aversion pour le système. Sans doute la raison de cette sympathie croissante qui nous rapproche. Petit à petit, on se décide aussi à faire un peu de sport ensemble. Sans pour autant devenir amis à proprement parler, Roger et moi sommes désormais des potes.

Je sais que par la suite il a écrit d'autres bouquins, ainsi paraît-il que plusieurs scénarios de cinéma. Si oui, cela ne m'étonne pas. Il avait la carrure pour ça. Je peux, en revanche, témoigner personnellement qu'il a été un ami proche de Bernard Lavilliers puisque, à deux ou trois reprises, le « parrain au cœur d'or » n'a pas hésité à me faire lire des correspondances échangées entre eux. Dans ces lettres, le chanteur, qui semble vraiment être un brave mec, tentait de remonter le moral de Roger en lui apportant son soutien appuyé.

Je crois même qu'après sa libération conditionnelle, Knobel a un peu tourné avec quelques metteurs en scène. Rien de surprenant à cela. Il s'agissait d'un gars sympathique, agréable, et qui avait bien d'autres choses à raconter que des histoires de voyous.

Bref, un pur produit de l'ancienne génération. Knobelspiess, il faut le dire haut et fort, ne serait-ce que pour le respect de sa mémoire, n'a jamais touché à la drogue. Ni apparemment au trafic d'armes.

Chapeau bas !

Indépendantistes corses, basques et terroristes islamistes n'ont rien en commun

Les gars du FLNC (canal historique de surcroît) que je croise à Fleury ne sont certes pas des enfants de chœur. Plutôt de véritables truands corses. Et pur sucre, avec ça ! Mais ils ne se comportent pas de manière désagréable pour autant, bien que vivant l'essentiel du temps entre eux. Leur caractéristique majeure ? Une solidarité hors norme et de chaque instant. Ces gus se couvrent, se protègent, se concertent en permanence les uns les autres. Se méfient des étrangers, vouent un amour immodéré à l'île qui les a vus naître, et communiquent beaucoup ensemble. Essentiellement dans leur langue.

Ces précautions ostensibles ne nous empêchent pas de parler souvent. Mais s'ils se prêtent volontiers à l'échange, pourvu que celui-ci soit amical, cela ne les pousse jamais à se livrer à des confidences concernant leurs affaires personnelles. Leur cordialité ne va pas jusque-là. Dans ce domaine, ce sont des tombes.

Sociables ? Oui. Surtout lorsqu'il s'agit d'afficher leur volonté indépendantiste, qu'ils ne manquent jamais d'assumer. À haute et intelligible voix de préférence, dès que l'occasion leur en est donnée.

Quant aux Basques de l'ETA, ce sont des types assez incroyables. Fervents catholiques – qui l'eût cru ? – très unis, serviables, intelligents et pour certains d'entre eux diplômés d'études supérieures. Ils se mêlent assez aisément aux autres détenus mais peuvent se montrer parfois assez susceptibles. Ce qui m'a surpris, ce sont leurs profils, similaires ou presque. Qu'ils appartiennent à Iparretarrak ou bien à d'autres mouvances, telles qu'Herri Batasuna[1]. Un peu comme s'ils avaient

1. « Unité populaire », en langue basque : organisation politique indépendantiste, issue de la mouvance d'extrême gauche, surtout active en Espagne, elle se constitue en « Batasuna » en 2000, puis s'autodissout en 2013.

tous été recrutés sur la base de critères précis. Curieux phénomène.

Les assassins de Chapour Bakhtiar, en revanche, n'inspirent pas l'ombre d'un sentiment de sympathie. Je n'aurai donc aucun contact avec ces mecs. Mais je ne manque pas de les observer. Des rigoristes – chiites – ne parlant pas le français, ou s'y refusant, ce qui revient au même.

Du fait de leur forte implication dans une pratique religieuse très exigeante, ils demeurent dissociés des autres prisonniers.

À l'époque de mon passage là-bas, il y avait de sérieux problèmes liés à la qualité des soins médicaux dispensés à Fleury-Mérogis. J'ai vu, de mes yeux, des gars blessés par balles victimes d'infections sévères. Tout simplement parce qu'on ne pouvait pas leur prodiguer des traitements adaptés à la gravité de leur état. Si un médicament n'était pas agréé par l'administration pénitentiaire, il n'était pas question de l'utiliser, quelle que soit son efficacité. Le souci résidait donc, souvent, dans la qualité de ceux dont disposait la pharmacie. Or, celle-ci ne semblait pas toujours en rapport avec les cas cliniques présentés.

Comme si cela ne suffisait pas, les détenus ne se voyaient délivrer aucune ordonnance en prison, la pratique étant alors interdite. On leur distribuait, de gré à gré, des cachets et autres pilules à l'infirmerie. Que les surveillants s'empressaient ensuite de confisquer, s'ils les trouvaient à l'intérieur des cellules.

Débile !

Cette situation, aussi triste qu'ubuesque, pouvait avoir les conséquences tragiques que l'on devine en cas de blessures ou de pathologies sévères. Mais la direction de la prison paraissait vivre la chose avec flegme.

Sachant que Fleury a ouvert ses portes en 1968, il ne serait pourtant venu à l'idée de personne de dire, à ce moment-là, que la modernité y régnait. Quinze années après son inauguration, cinq mille détenus s'entassaient alors dans les cinq bâtiments de la maison d'arrêt. Pour ma part, j'ai passé ces quarante-huit mois de détention, le plus souvent, seul dans ma cellule. Mais il pouvait m'arriver, de temps à autre, d'être « doublé », comme on dit en langage de prisonnier.

Comparé à Fresnes, tout y est beaucoup plus grand. Par exemple, les cours et les parcours de promenade. Mais cela s'avère aussi pour les problèmes. Cent à cent vingt taulards qui se dégourdissent les jambes simultanément, ça ne va pas de soi. Entre ceux qui veulent courir, jouer au ballon, vendre de la came ou viennent, le plus souvent avec véhémence, mendier une clope, les choses peuvent vite dégénérer. Du coup, contentieux et règlements de comptes sont légion.

Il s'agit, au fond, d'une grosse usine. Gonflée par la présence d'un millier de détenus par bâtiment. Une folie ! Pour passer d'un bloc à un autre, les transferts se font toujours en camionnettes. Pas gai le voyage, à travers cet immense et sinistre univers concentrationnaire en béton.

Il paraît que des travaux d'aménagement récents l'ont quelque peu humanisé. Tant mieux ! Lors de mon passage en ces lieux, il n'était enfin pas rare d'avoir plus froid dans sa cellule qu'au-dehors... La plupart des locaux dédiés aux prisonniers demeuraient très mal chauffés, tout au long de l'hiver. Je me souviens avoir dû quelquefois gratter les vitres parce qu'elles se trouvaient prises par le givre.

Ainsi allait la pénitentiaire, dans notre beau pays de France, au milieu de la décennie 1980. Pas sûr que les choses aient évolué tant que cela depuis...

11

Dernière séance avec Bruno Sulak

La petite histoire du cinéma français, non officielle, rapproche volontiers Bruno Sulak du gangster solitaire, stoïque et taciturne, campé à l'écran par Alain Delon dans *Le Samouraï* de Jean-Pierre Melville. Pour avoir assez bien connu le premier, j'aurais tendance à trouver cette comparaison discutable.

Certains préfèrent en faire une sorte d'Arsène Lupin du braquage. Cela me convainc davantage. Même si, à l'instar du célèbre braqueur des années 1980, l'acteur préféré des Gaulois – ainsi que des Japonais, paraît-il – fréquentait à cette époque quelques truands d'origine yougoslave. De moindre renommée cependant.

Le fait est que mon ami Bruno produisait sur les femmes – comme sur certains hommes parfois, j'y reviendrai – un effet hors du commun. Un fort beau mec. Grand, mince, racé, émacié, séducteur.

Sa sœur, qu'il chérissait, travaillait à France Inter. Elle avait écrit un livre sur lui, qui n'avait pas manqué de contribuer à son aura. Au sein de la sphère médiatique, mais pas que. Le milieu lui aussi bruissait déjà des exploits de l'ancien para durant la fin de la décennie 1970. Puis son étoile avait un peu pâli. Prison oblige.

Très discret sur ses affaires, mais pas du tout asocial pour autant, Bruno comptait de nombreux potes à Fleury. On se voyait, tous les deux, en dépit de son statut de DPS qui faisait de lui un détenu à part. Je me souviens qu'on le déplaçait souvent. Pour raison de sécurité, car il avait également des ennemis – et non des moindres – tant dans l'enceinte qu'à l'extérieur de la prison. Ces considérations faisaient que l'administration l'installait toujours dans une cellule située en face d'un mirador. Les gardiens pouvaient ainsi conserver un œil dessus, et ce à tout moment de la journée. Comme pour Knobelspiess.

De même que le « parrain » de ce temps, Sulak, lui non plus, n'a jamais fait couler le sang de quiconque. N'en déplaise à ses détracteurs.

Il cultivait une sorte de rivalité amicale, assez sympathique, avec un grand flic de l'époque, le commissaire Georges Moréas. Ils avaient correspondu, par courrier ou téléphone, avant ses incarcérations. Manière pour eux de jouer une partie de chat et de souris. Sulak se targuait même d'avoir appelé, une fois, le commissariat en charge de son dossier, et d'avoir demandé à parler à son copain pour lui dire, après un braquage qu'il venait de réussir : « Tu m'as encore raté, vieux ! » Anecdote difficile à vérifier. Mais l'homme n'avait pas le profil d'un mythomane.

Les meilleures choses ayant une fin, les condés avaient fini par le cravater. Une rumeur prétend qu'il était déjà emprisonné sous une fausse identité quand ils l'ont trouvé, un peu par hasard ou bien par déduction, en rapprochant deux relevés d'empreintes digitales. À l'époque, le fichier national existait déjà, mais il n'était pas informatisé, ce qui rendait ses données plus difficiles à manier qu'aujourd'hui. D'où des investigations souvent plus longues… et tout aussi aléatoires, d'ailleurs.

Le fait d'avoir vécu de l'intérieur, et à ses côtés, les événements dramatiques qui ont précédé ses derniers instants m'oblige à les revivre souvent, dans ma tête, avec intensité.

La veille de sa tentative d'évasion, je me trouvais au cinéma, en fin de journée, avec Bruno. Je le sentais préoccupé. De là à imaginer ce qu'il préparait ! Rien moins que se faire la belle de Fleury-Mérogis, l'une des prisons les mieux gardées de France. À ce moment-là, cela paraissait quasi impossible. Quand j'ai appris, le lendemain matin, ce qu'il avait réalisé, j'étais abasourdi.

Voici donc les faits dans leur crudité totale. Tels qu'ils n'ont encore jamais été racontés, à ma connaissance.

Une « belle » rocambolesque qui vire au drame

Vers 4 heures, un surveillant fait irruption dans la cellule de Sulak, puis lui demande de le suivre. Celui-ci se montre réticent mais s'exécute, à contrecœur. Comme chaque taulard qui se respecte, il sait que la procédure en vigueur au sein de la pénitentiaire interdit pareille pratique. Pourquoi alors accepte-t-il de suivre son geôlier ? Parce que ce dernier est accompagné du sous-directeur de la cinquième division, au sein de laquelle il se trouve incarcéré. Ce détail, inhabituel à une heure aussi avancée de la nuit, explique à tout le moins que le cerbère puisse ainsi avoir les clés du département en main.

Mais ledit surveillant se comporte habituellement, vis-à-vis de tous les détenus, comme la pire des peaux de vache. Lorsqu'il est de garde, on ne peut même pas passer une cigarette d'une cellule à l'autre tant il se montre vétilleux et menaçant. Une véritable raclure. Moi-même, qui mettait un point d'honneur à me tenir à carreau afin d'obtenir une remise de peine, je me suis déjà accroché à plusieurs reprises avec ce sale type.

Le sous-directeur repart alors avec Sulak, tandis que le surveillant irascible, lui, place des explosifs sur les barreaux de la cellule. Objectif ? Faire croire à une tentative d'évasion avortée. Par la fenêtre, évidemment. Une mise en scène aussi stupide que surréaliste. Rien, en fait, n'explosera.

Étrange montage

Pendant ce temps, le sous-directeur et Sulak ont traversé toute la prison, afin de gagner le local de détente des surveillants. Plusieurs parmi ceux-ci, de garde, y consomment des cafés autour de la machine. Ils ne cachent pas leur étonnement de voir apparaître leur supérieur, qui se présente à eux seul, à une heure aussi indue. Mais ils ne disent mot. Prudent – enfin pas tant que ça – l'important personnage a pris la précaution de demander au DPS Sulak de se planquer en attendant que les matons se barrent. Dès que ce sera chose faite, il tentera de le faire sortir. Par la porte, lui précise-t-il.

Interloqué, le truand célèbre cogite, dans la pièce sur rue où il se cache, tout en guettant le feu vert du sous-directeur, au deuxième étage du bâtiment. À quoi rime donc ce manège ? Puis il finit par s'impatienter.

Soudain, le sang de mon pote ne fait qu'un tour. Plus question de poireauter. En tant qu'ancien légionnaire, parachutiste de surcroît, Bruno se sent capable de jouer la fille de l'air. Au sens propre du terme. Seul. Sans aucune autre aide extérieure.

Deux étages ? Cela ne lui fait pas peur. Il saute. À partir de là, deux versions divergent.

La première : il se reçoit mal, se blesse grièvement, perd connaissance sous l'assaut d'une douleur fulgurante, puis gît au sol. Il mourra sur place, quelques minutes après l'arrivée des surveillants.

Logique, à défaut d'être vraiment convaincant. Trop de détails clochent dans ce scénario de mauvais polar. Une série B.

La seconde, beaucoup plus dérangeante, mais je la crois plausible. Des gardes mobiles, en faction près de la porte d'entrée, l'auraient vu sauter. Ils se seraient précipités, l'auraient entouré, alors qu'il se tordait de douleur à terre, puis l'auraient achevé. À coups de rangers en plein visage. Avant de le transporter à l'hôpital de la prison où il décédera, officiellement, au bout de quelques heures.

Une chose est sûre : à l'issue de cet épisode confus et dramatique, c'en est fini de l'insaisissable Bruno Sulak. Il n'humiliera jamais plus la force publique.

Le sous-directeur et le surveillant ? Condamnés, lourdement, à des peines de prison ferme – respectivement cinq ans et trois ans – ils ont bien sûr perdu leur emploi à la pénitentiaire. Le premier, si j'en crois les rumeurs qui ont circulé dans le Milieu, finira lui-même par entrer dans le grand banditisme. Un comble ! Il serait mort assez récemment, m'a-t-on dit.

Le surveillant, avec lequel il formait un couple homosexuel, situation bien plus courante qu'on le pense dans l'univers carcéral, où les femmes font si cruellement défaut, s'est quant à lui perdu dans la nature.

Tous deux, fort attirés par la personnalité de Sulak, beau garçon d'un bon mètre quatre-vingts, réputé aussi pour ses prouesses auprès des dames, auraient tenté de nouer une relation avec lui. Dans ce but, ils n'auraient rien trouvé de mieux que de lui faire miroiter une évasion. Puis s'y seraient finalement fourvoyés.

Incroyable ? Possible. Tel est pourtant le récit que des taulards, dignes de foi et ayant vécu ces événements de près, m'ont relaté. D'autres bruits ont couru dans le Milieu, plus extravagants encore, après cet invraisemblable dénouement.

Pour ma part, je crois d'autant plus à la véracité de cette version qu'elle répond à une question que je me suis longtemps posée. Sans pouvoir y apporter de réponse satisfaisante. Pourquoi donc, la veille de sa mort, Bruno Sulak paraissait-il si préoccupé, et peu intéressé par le film – lui qui se targuait d'être un vrai cinéphile – quand j'ai partagé avec lui, à ses côtés, sa dernière séance ?

Sans doute parce que le scénario de son évasion, prémédité, qu'il connaissait déjà, semblait bien moins réaliste à ses yeux qu'un film de Melville.

12

Auxiliaire de travaux à Melun

Dans le courant de l'été 1986, je suis transféré de Fleury à la maison d'arrêt de Melun. Enfin ! Depuis un certain temps, une assistante sociale attachée à la pénitentiaire a déposé mon dossier en vue de cette mesure. J'ai choisi cet établissement en raison de sa relative proximité géographique avec ma famille. Ma femme et mes gamins m'en savent gré, car cela leur facilite la vie lors des visites.

Du coup, à tout juste trente-trois ans, j'ai un peu l'impression d'être un vieux de la vieille, au milieu de tous ces jeunes types. Je suis déjà en rupture de ban avec la société. Le régime à Melun se révèle beaucoup moins sévère qu'en centrale. Les portes des cellules, notamment, restent ouvertes de 7 à 19 heures.

Comme une bonne nouvelle n'arrive jamais seule, la direction me confie une tâche, dite « de service général » : dans les faits, je m'occupe de maçonnerie. Un boulot qui ne me rebute nullement. Au contraire. Ma mission principale consiste à réhabiliter, de fond en comble, un bâtiment longtemps occupé par des prisonniers politiques. Voilà comment on se retrouve auxiliaire de travaux d'intérêt public. Mais sans le salaire, hélas.

Le passionné d'histoire que je suis flaire assez vite les dessous de l'affaire. Au terme d'une brève enquête, j'apprends qu'il s'agissait, pour la plupart, d'anciens collabos sous l'Occupation nazie. Les types, après avoir croupi dans ces murs durant une quarantaine d'années, ont connu des fortunes diverses. Un grand nombre d'entre eux ont rendu leur âme tourmentée, ou pas, au Très-Haut. Les autres, plus chanceux, ont bénéficié d'une mesure de grâce, consécutive à l'élection de Mitterrand à l'Élysée.

Une chose est sûre : la bâtisse, vide depuis de longs mois, a vécu des jours meilleurs et elle fait pâle figure. Il n'empêche, les détenus y ont coulé des moments plus paisibles que leurs homologues relevant du droit pénal commun. J'apprécie, en connaisseur, le mignon petit bassin qui accueillait autrefois des poissons rouges. Les canalisations, encore en assez bon état, acheminant de l'eau chaude, et les locaux qui sont chauffés. Plutôt bien traités, ces tristes sires. Mais le temps, on le sait, à défaut de les effacer, atténue les pires infamies.

Au beau milieu des travaux, je vais de bonne surprise en bonne surprise. Le deal que l'on nous propose, inattendu, est plutôt alléchant : après avoir finalisé la réfection du bâtiment, nous aurons le privilège, non négligeable, de nous y installer. Du coup, les gars et moi mettons les bouchées doubles. Avec le concours de sociétés privées extérieures, il faut le préciser.

La renommée de Melun tient aussi à la présence en ses locaux de l'Imprimerie nationale, qui fournit l'ensemble des documents à en-tête utilisés par la justice. Tous sont fabriqués par les détenus eux-mêmes. Encore un boulot fichtrement intéressant pour lequel j'aurais pu me porter volontaire.

Enfin, le centre de détention est équipé d'une bibliothèque, de fort honnête facture, d'une salle de cinéma ainsi que d'un auditorium. *Last but not least*, une cabine téléphonique (payante), à la disposition des taulards, permet d'appeler sa petite famille au cours des promenades. Mieux vaut cependant prendre la précaution de s'inscrire, compte tenu de l'affluence, afin de s'éviter des désillusions. Voire des ennuis. Même si l'ambiance, dans l'ensemble, demeure tranquille en comparaison de Fleury.

Cellules home, sweet home *et régime carcéral* light

Une fois par mois, nous sommes également autorisés à faire nos emplettes alimentaires. Les détenus ont le droit d'équiper leurs cellules d'ustensiles de cuisine et d'un poste de télévision. Du coup, certaines d'entre elles afficheraient presque un panneau « *Home, sweet home* ». Touchant.

Mais, pourquoi le cacher, les plus privilégiés sont les gus officiant au sein du service général. Nous, en l'occurrence. Lesquels peuvent prendre leurs repas en compagnie de codétenus et de compagnons du devoir, dans les locaux, d'allure flambant neuve désormais, qu'ils viennent de réhabiliter.

Elle n'est pas belle, la vie ?

Allons ! Redescendons sur Terre.

Certes, à l'arrivée, en provenance de Fleury, ce régime plus que confortable semble vous faire atterrir sur une autre planète. Manger des steaks-frites, du ragoût et des plats cuisinés (à condition de payer) nous laisse un goût de paradis sur les papilles. Jouer au foot ou à la pétanque, à nos heures perdues, tout autant. Mais au bout de quelques semaines, l'évidence revient. En force. On reste toujours privé de l'essentiel : la liberté. Donc, en prison. Les à-côtés ? Fariboles !

Au sein de ce système carcéral assez relâché, l'homosexualité, plus ou moins latente chez certains détenus – et gardiens, comme j'ai pu le constater à Fleury – se développe à grande vitesse. Il n'est pas rare de trouver des pères de famille, recevant épouses et enfants au parloir durant les visites, dans des situations plus que scabreuses les jours suivants.

Un matin, en sifflotant, je fais des joints de maçonnerie dans nos futurs nouveaux locaux. Je me rends aux toilettes pour une escale technique et tombe sur deux spécimens en pleine action. La première fois, ça fait tout drôle. Et puis on s'habitue.

Comme toutes les prisons, Melun dispose d'un salon de coiffure. Mais le nôtre s'enorgueillit d'être un véritable « espace VIP ». Son Figaro en chef, le sieur Maurice Joffo, s'y affiche sans détour comme une personnalité. Ce dont personne ne doute. N'a-t-il pas écrit, naguère, un ou deux best-sellers ? Le fait qu'il ait pris trente mois ferme, pour une vilaine affaire de recel de bijoux, pourrait l'astreindre à davantage de sobriété dans sa façon de se comporter. Il n'en est rien. On murmure qu'il serait tombé, aussi, à cause d'une ténébreuse histoire de valeurs détenues dans un coffre-fort, en Suisse, et soustraites au fisc durant sa détention.

À l'évidence, il en faudrait davantage pour l'affecter. Cézigue, tranquille, a monté un petit business. Additionnel à ses talents de merlan, s'entend. En guise de rémunération desdits services, censés pourtant être rendus gratuitement à ses codétenus, il exige sucre, café, ou huile d'olive. Comme au bon vieux temps du marché noir. Où y a de la gêne, y a pas de plaisir, mon grand !

Étrangement, l'administration ferme les yeux et tolère son manège. À sa décharge, il faut reconnaître que ce genre de pratiques existe dans le milieu carcéral. Nombreux sont les détenus qui « cantinent ». Avec plus ou moins de succès. Plutôt en douce, d'habitude. Mais lui, au contraire, pousse le bouchon, utilisant sa renommée pour se faire rétribuer. Et sans se cacher le moins du monde. Certains jours, on pourrait même croire qu'il s'en flatte. Drôle de mec !

Le plus surprenant, c'est que ce *star-system* version cabane marche du feu de Dieu. Il suffit d'avoir vu, de ses yeux, le stock impressionnant de victuailles qu'il a fait charger, dans une camionnette, le jour de sa libération. Rien d'étonnant quand on sait que, chaque semaine, le roi du ciseau recevait, dans son salon, une liste d'attente longue comme un jour sans pain. Au point de devoir faire des heures sup'. Une sorte d'influenceur avant l'heure. Et sans réseaux sociaux, s'il vous plaît !

Pareil effet de mode au trou, qui l'eût cru ? Les taulards, dans certaines circonstances, se comportent comme des midinettes. Il faudra que j'en touche deux mots à miss Kardashian qui, m'a-t-on glissé à l'oreille, se passionne pour le sort des « populations carcérales » aux États-Unis. Voilà qui va sûrement l'intéresser.

Autre people en vue, un ingénieur aéronautique de renom. Sa particularité ? Une mise en examen, suivie d'une condamnation à vingt années de détention, pour avoir livré les plans secrets du Concorde à l'Union soviétique. Je me disais bien que leur fameux Tupolev avait comme un air de famille avec notre fleuron tricolore des airs.

Au-delà de ces plaisantes anecdotes, je dirais que Melun constituait un bon sas de préparation avant le retour à la vie civile. On y reprenait contact avec la loi du marché, ainsi que les petites réalités quotidiennes. Ces ouvertures sur le monde réel, certes limitées mais concrètes, permettaient de se reconnecter par anticipation avec la société.

Pas inutile pour moi qui, à trente-cinq piges à peine, avais déjà tâté de pas moins de sept années de ballon. Mais je me consolais en me disant que cela aurait pu être encore pire.

En quittant le centre de détention de Melun, fin août 1988, par le jeu normal des remises de peine, puis des quarante jours de grâce présidentielle consécutifs à la réélection de François Mitterrand, sans oublier l'année gagnée en récompense de mes examens, réussis au terme d'études assidues, j'ai pu gratter vingt-quatre mois.

Pas mal, non ? Encore eût-il fallu que je m'arrête là !

*

En cette fin des années 1980, le monde a bien changé quand je retrouve la vie civile. Si les nouvelles technologies ne sont pas encore de saison, une grande mode déferle sur le marché du travail : celle des CV et des lettres de motivation. Le *nec plus ultra* pour un taulard libérable... Comment justifier une période d'inactivité de sept piges ? Pas évident. Alors on s'invente des voyages à l'étranger et autres comptines pour enfants. Mais tout cela ne trompe personne.

En plus, j'approche de la quarantaine à grands pas. Le contexte économique et social s'est bougrement dégradé, avec un chômage désormais endémique. Tout semble réuni pour que retrouver un boulot soit devenu pour moi mission impossible. Y compris contre le salaire minable dont je serais prêt à me contenter. Avec une famille à charge, qu'espérer d'autre ?

Alors, très vite, la dèche menace. Je ne repars qu'avec 9 000 francs de l'époque en poche, au centime près. Autant dire sur des bases compliquées. Pour s'éviter les gros mots.

Ayant cotisé durant des années en tant que commerçant et assimilé cadre, je m'inscris au chômage. Mon objectif : percevoir une indemnité, si mince soit-elle, en attendant d'avoir pu reprendre pied. La réponse fuse : après une aussi longue période d'inactivité, mieux vaut ne pas même y songer.

Je me tourne alors vers la région qui, paraît-il, pourrait accorder une petite aide dans mon cas. Sous réserve d'obtenir, au préalable, le feu vert du juge d'application des peines. Mes espoirs font long feu. C'est non, me répond celui-ci, sans détour, dans une belle lettre à en-tête.

La triste réalité s'impose : socialement, je suis déjà mort. Ce qui est vrai pour un (jeune) quadra l'est, à plus forte raison, dès que le mot « prison » se lit en lettres de feu sur son front.

Comment ne pas replonger, dans ces conditions ? Ne serait-ce qu'une fois dans leur vie, j'aimerais que nos belles âmes, sur les plateaux télé et ailleurs, se posent la question avant de rivaliser à coups de formules définitives à ce propos.

Mais il y a plus malheureux que moi. Ainsi, sur le maigre pécule qu'il me reste, j'en alloue sans hésiter plus de la moitié à l'un de mes potes, ancien codétenu, bien davantage encore dans la panade que nous autres. Le gars, qui habite Clichy-la-Garenne, se trouve sur le point d'être expulsé de son appartement. Avec sa famille, qu'il n'a même plus les moyens de nourrir.

Cet élan de solidarité, que je ne regretterai jamais, ne me permet plus, alors, de satisfaire quelques-uns des rêves de mes propres gosses. Pendant deux ans, mon jeune frère a payé le loyer de notre appartement. Ma femme, hormis des gardes d'enfants de-ci de-là, ne travaillait pas. Elle n'a perçu durant tout ce temps qu'une maigre indemnité de la CAF. Plus question de cadeaux. Pour personne.

Le business redémarre : dernier rempart contre la dèche

J'ai donc fini par reprendre la mécanique. Au black, bien entendu. Pas le choix. Ne serait-ce que pour arrondir les fins de mois et joindre les deux bouts. Je m'estime presque heureux de mon sort en constatant que des copains me redonnent un peu de boulot à droite à gauche. Des embrayages et autres moteurs, à démonter surtout, puis à remonter après réparation.

Mais la galère ne me lâche pas pour autant. Si bien qu'un matin, quand de vieilles connaissances viennent me voir pour me mettre un marché en main, je craque. Ce sont des trafiquants de cannabis. Ils me demandent si je suis capable d'aménager des caches, dans des voitures, afin de faciliter leur business. Ces planques ne doivent, bien sûr, attirer l'attention de personne. Et surtout pas celle des condés. J'ai quelques idées en magasin. Le turbin, pas compliqué, s'annonce également bien rétribué. Il comporte, en outre, peu de risques pour un type aussi outillé et organisé que moi.

Alors je dis OK. Et advienne que pourra ! Mais la règle du jeu, que je fixe d'emblée, se veut claire : pas question pour ma pomme d'aller se commettre dans l'exécution même d'un trafic. Je n'ai vocation qu'à bosser dans mon petit coin. Rien de plus. Les gars me rassurent. À ce stade des opérations, ils n'en attendent pas davantage, m'expliquent-ils.

Affaire conclue. Cette occasion de remettre un peu d'argent de côté, puis de rebondir, je ne la laisse pas passer.

Et ça marche ! Enfin, juste le temps qu'il faut pour retrouver espoir.

13

Trois otages dans les griffes de l'OCRTIS

De nouveau, la grande roue de la Fortune a tourné. Dans le bon sens, cette fois. Reparti des limbes, après ma sortie de prison, j'ai su trouver le chemin d'une résurrection sociale. Certaines pratiques, plus que discutables, m'y ont aidé, j'en conviens. Mais avais-je le choix ?

À l'issue de trop longs mois de galère, je suis redevenu un chef d'entreprise estimable. D'abord, et avant tout, à la force du jarret.

Dans un premier temps, j'ai acquis, pour une bouchée de pain, un bail commercial sur un entrepôt de 300 mètres carrés environ, situé à Garonor. À l'extrémité nord de notre bon vieux 9-3. Puis j'y ai installé mon petit commerce : une affaire de transport routier et de fret marchandise. Avec mes économies, je décide ensuite de racheter l'enseigne, placée en liquidation judiciaire, et de la relancer, flanqué d'un copain qui devient mon associé. Nous nous répartissons les tâches : à lui la gérance ; à moi la direction opérationnelle. Mais tout cela reste assez théorique. Dans les faits, c'est bien moi qui dirige la boîte. Je m'installe donc dans un bureau contigu à notre hangar, désormais aménagé, puis m'emploie sans tarder à passer au peigne fin l'ensemble de l'actif dont nous disposons.

Tout d'abord, après avoir versé les 10 %, légaux à l'époque, nécessaires à l'achat d'une société en liquidation, j'annonce la réembauche de l'ensemble du personnel. Soit quatre salariés. Satisfaction générale.

Je me penche, dans un deuxième temps, sur le « fichier clients ». Sérieux, bien tenu et copieusement garni. Ce que nous n'osions pas même espérer.

Enfin, nous supervisons la flotte présente. Là, c'est la consternation dans le stade ! Celle-ci se compose, en tout et pour tout, de cinq camions. Compte tenu de leur état déplorable, trois filent immédiatement à la casse la plus proche. Les deux autres sont certes encore opérationnels, mais il y a un cactus. Ils appartiennent à un garage Renault. Or, le prêt contracté par mes prédécesseurs lors de leur achat n'ayant pas été honoré, la maison de crédit du concessionnaire exige de les récupérer. Coup dur pour nos finances, tout juste à l'équilibre.

Avec l'accord du mandataire, nous avons obtenu l'exonération de l'apurement du passif et des dettes issus de l'ancienne gestion. Pas question de faire une exception. Nos ressources, après l'investissement substantiel que nous venons de consentir pour l'achat de matériel – surtout informatique – dédié aux tâches administratives, puis à l'aménagement du local, ne nous le permettent plus.

Il convient donc de se montrer aussi inventifs que résolus. Pour les truands déjà confirmés que nous sommes, cela ne soulève pas de problème majeur. Les deux camions sont ainsi exfiltrés, pendant huit mois, dans un lieu d'activité annexe, assez éloigné de nos bases. Ce qui ne les empêche nullement de continuer à tourner, et plus que jamais, sur les routes d'Europe, de France et de Navarre. Grâce à ce qu'ils me rapportent, alors que je suis censé ne plus en avoir l'usage, je peux négocier deux nouveaux petits camions, assez peu onéreux.

Attachés à faire de la trésorerie, quitte à ne pas nous montrer trop regardants quant au choix des moyens *ad hoc*, nous parvenons, au bout d'une année, à reconstituer une flotte de cinq camions. Tous en parfait état de marche. La deuxième année, nous passons à onze unités. La troisième, nous franchissons le cap des dix-sept.

Le chiffre d'affaires décolle à l'avenant. Nous approchons désormais le seuil des 10 millions de francs. Une belle revanche. Mais les marges demeurent étroites. Et les règlements, comme souvent dans notre cher Hexagone, se font attendre. Le plus fréquemment à quatre-vingt-dix jours. Pas évident, dans ces conditions, d'optimiser notre budget.

Ces bisbilles indésirables freinent le développement de l'entreprise. J'enrage, mais qu'y faire ? À contrecœur, nous décidons donc de tourner au ralenti, en n'acceptant plus que les commandes inférieures à 300 kilomètres par jour. Du coup, chaque chauffeur ne traite alors que deux à trois clients quotidiens. Puis rentre tous les soirs chez lui.

Nous devons être la seule boîte de transport routier à valider de telles pratiques sur l'ensemble du territoire européen... Dommageable, vraiment, notre système ? Pas tant que ça, au bout du compte. Grâce à lui, ainsi que le démontre le comptable un beau matin, d'un pis-aller nous avons su faire un bien. Pourquoi ? Parce que les économies, ainsi réalisées, permettent de recruter de nouveaux chauffeurs, que nous sommes en mesure de payer comme il faut. Sans plus. Mais la médaille a son revers. Pour mon associé et moi, nous ne dégageons, péniblement, que 15 000 francs par mois. Même avec un chiffre d'affaires en hausse constante. Frustrant.

Alors, l'imagination et l'huile de coude se retrouvent une fois encore au pouvoir. Tous les vendredis soir, j'assure moi-même l'entretien des véhicules, afin de pouvoir libérer les gars aux heures prévues. Par ailleurs, nous gardons désormais un camion « en réserve de la République ». Une mesure destinée à le laisser disponible, au cas où un nouveau contrat surviendrait. Le boulot, lui, continue à tomber au jour le jour. Surtout *via* le Minitel, véritable réseau social du temps.

À charge pour nous, autant que possible, de trouver un trajet retour compatible avec celui de l'aller. Puisque seul celui-ci nous est réglé – lorsque nous roulons à plein – par le client et donneur d'ordre initial.

Bref : on jongle. Comme on peut.

Bientôt, sans plaisir aucun, nous finissons par confier aussi la prise en charge du secrétariat à des gens de nos familles et entourages respectifs. Objectif : alléger les tâches, ainsi que les dépenses.

*

Insoutenable légèreté de l'être ! Une fois encore, des conneries passées – que j'assume pleinement, dans la mesure où elles ont contribué à rendre possible ma renaissance sociale – vont me revenir en pleine gueule. Comme un boomerang. Mais les conséquences, ce coup-là, seront terribles.

Un soir, au beau milieu de cet été 1993 plutôt faste pour moi, j'allume la télé en me servant une bière. J'apprends alors qu'une équipe « chevronnée » (*sic*) de trafiquants de stupéfiants serait tombée dans les mailles du filet de l'OCRTIS[1]. Le lendemain matin, avide d'informations supplémentaires, j'achète *Le Parisien*. Un nouveau désastre se précise à l'horizon. Le journal explique qu'au terme d'une longue et minutieuse enquête à travers de nombreux pays, dont la Colombie et les Pays-Bas, les limiers d'élite de cet organisme spécialisé ont pu démanteler l'ensemble de la filière.

Et devinez qui la compose pour une large part ? Dans le mille ! Les commanditaires de planques aménagées un an plus tôt par mes soins dans des bagnoles.

Le monde est petit, décidément, chez nous autres truands. À peine la première montée d'adrénaline digérée, je tente de me rassurer. Ces types et moi n'avons plus aucun

1. Office central pour la répression du trafic illicite des stupéfiants.

contact depuis de longues semaines. Nous sommes fâchés, et j'ai de bonnes raisons pour ça. Aucune nouvelle récente à signaler. Pourquoi, dans ces conditions, les schmitts viendraient-ils fureter dans mes affaires, honnêtes désormais ? Des éléments additionnels, que je glane à droite à gauche, me rassérènent un peu. L'enquête aurait duré quinze mois. J'en avais donc fini avec la bande quand elle a débuté. Et risque d'autant moins d'être inquiété...

Fadaises !

Avis de tempête : un désastre majeur pointe à l'horizon

Pas moyen d'échapper au large coup de filet de l'OCRTIS qui s'abat alors sur le Milieu. En fait, aussitôt après mon arrestation, je découvre que les flics m'ont placé sur écoute. Depuis un bon mois déjà. Les vaches ! Ils ne laissent vraiment rien au hasard. L'ennui – pour eux – c'est qu'ils n'ont absolument rien de concret à me reprocher. Qu'à cela ne tienne. Le juge d'instruction ordonne ma garde à vue. Puis une incarcération en bonne et due forme. À l'époque, il n'y avait pas encore de juge des libertés, le fameux « JAL ». L'ensemble de la procédure se trouvait ainsi diligentée sous l'autorité du magistrat instructeur. Ce détail aura son importance.

Je me retrouve dans la nasse. Mais tout espoir de démontrer mon innocence ne semble pas perdu, puisque je n'ai joué aucun rôle dans les faits consignés. Ni lors du processus transactionnel lié à la came ; ni pour l'ensemble du trafic. Que peut-on me coller sur le dos, alors, sinon d'avoir été, durant peu de temps, un modeste prestataire extérieur ? Voilà l'argumentation que je tente de faire valoir. En vain.

La police, au terme de ces quinze mois d'enquête, connaît fort bien les tenants et aboutissants de l'affaire. Les Stups savent parfaitement qui a fait quoi.

Alors, je retourne en prison. J'ai conscience que mes antécédents ne plaident guère en ma faveur. Mais il y a autre chose. Un truc vicieux, que je ne connais pas encore, m'a bel et bien pété à la figure. J'en mettrais ma main au feu. De quoi s'agit-il donc ? Je ne vais pas tarder à être édifié.

*

Je suis accablé. De colère, d'injustice, de fatigue. Gardé à vue depuis de longues heures déjà dans les locaux de l'OCRTIS, à Nanterre, qui dépend du ministère de l'Intérieur, j'ai eu le temps de me repasser le film des derniers événements. Hallucinant ! L'impression d'être un fétu de paille, ballotté dans une machine à tambour, ne me quitte plus.

Ce 7 juillet 1993, en moins de vingt-quatre heures, il m'a fallu encaisser une tentative d'arrestation devant chez moi, sous les yeux de mon fils cadet, âgé d'une douzaine d'années. Un délit de fuite, puis une descente de police au siège de mon entreprise. L'annonce de la prise en otage de ma femme, accompagnée de mon premier fils, par les enquêteurs, obligeant ma sœur à aller récupérer le gamin, aussi vite que possible. Enfin, mon arrivée, mouvementée, en ces lieux si peu accueillants, le lendemain. Afin, si l'on peut dire, de me constituer prisonnier. Alors que je n'ai strictement rien à me reprocher dans cette ténébreuse affaire qui me dépasse.

Je ne le sais pas encore, le pire reste à venir. Mais la musette est déjà bien remplie.

La pire journée de quarante années mouvementées

En partant bosser ce matin du 7 juillet 1993, j'ai décidé, à sa demande, d'emmener Majid au bureau à Garonor, où, vacances scolaires aidant, il a pris l'habitude de me filer le train. Dès que j'ouvre la porte sur rue, une sensation de malaise, instantanée, me saisit. Deux types, la trentaine, postés sur le trottoir d'en face, font mine de ne pas épier les allées et venues dans notre immeuble. Avec la discrétion de pachydermes. En un quart de seconde, j'ai compris. Les perdreaux sont sur mes talons. Je tente de rester sourd au bon millier de questions qui m'assaillent, afin de me concentrer sur l'essentiel : se tirer d'ici, sans dommage, avec mon gosse, puis laisser passer l'orage.

Un coup de bluff ? Peut-être. On verra bien.

À mon grand étonnement, ils nous regardent, Majid et moi, franchir d'un pas pressé les quelques mètres qui nous séparent de ma voiture en traversant la rue, monter dedans, puis nous installer. Aucun n'esquisse alors le moindre geste. Mon fils a déjà bouclé sa ceinture de sécurité quand je lance le moteur. Quart de tour. Toujours pas de réaction. Ou plutôt si. Tous mes sens en éveil, j'ai entendu, comme dans un brouillard, ronronner le moulin d'une Peugeot 309, garée à proximité du 32. À tout instant, je m'attends maintenant à une injonction. Un « Halte, police ! » impératif. Rien !

Le danger surgit d'où je l'attends le moins. Au moment où j'abaisse le frein à main, en jetant un regard circulaire dans mon rétro intérieur, pour voir si aucun véhicule ne descend la rue, j'entends toquer à la vitre côté passager. L'un des bleus brandit une carte barrée de tricolore, puis articule quelques mots incompréhensibles. Par réflexe, je lui lâche :

— Monsieur, je vais travailler. Je n'ai pas de temps à perdre avec un représentant.

La première vitesse est enclenchée. Pied au plancher, je lâche l'embrayage. La bagnole part en trombe. Laissant le gus sur place.

L'œil toujours vissé au rétroviseur, je le vois lever alors son bras, prolongé d'une arme de poing, dans notre direction. Dites-moi que c'est un cauchemar et que je vais me réveiller...

Hélas !

Déjà, j'ai pressé la touche libérant la sangle de la ceinture de sécurité de mon petit gars. Je lui hurle de s'allonger au sol puis, instinctivement, rentre la tête dans les épaules en tenant mon volant bien droit. Il obéit, mais la panique le gagne. De grosses larmes coulent sur ses joues rebondies. Je n'ai pas encore le temps de le consoler. Le passage à niveau, situé à 200 mètres de chez nous, commence à s'abaisser. C'est le cas tous les quarts d'heure environ. Loin de m'angoisser, j'y vois, au contraire, une chance de semer nos éventuels poursuivants. Connaissant le quartier comme ma poche, je sais que les deux barrières sont légèrement décalées. De quelques secondes tout au plus. Dans le bon sens pour nous. Cela suffit. J'engage donc ma bagnole sans hésiter. On passe ! Pas de dégâts jusque-là.

En attendant la suite. Sans trop d'illusions tout de même.

Je suis parvenu à rassurer un peu mon fiston. Pauvre gosse ! Il n'est pas au bout de ses déceptions. Mais la situation m'apparaît beaucoup trop dégradée pour le garder à mes côtés. Je prends donc la décision d'aller le déposer chez ma sœur, à quelques kilomètres de là. Il comprend. Et fait contre mauvaise fortune bon cœur en ravalant, comme il le peut, sa peine et son anxiété. Je caresse sa tête d'un geste paternel, à la fois fier et soulagé. Autant qu'on peut l'être en pareilles circonstances.

Notre arrivée chez ma frangine est un peu tendue. Puis l'orage passe. Très vite.

— Yunice ! Ta femme, tes enfants : tu y penses de temps en temps ? Dans quel guêpier tu t'es encore fourré ?

— Ne t'emballe pas, Nadia. Je te jure que j'ignore les raisons de leur visite. Je n'ai rien à me reprocher depuis ma sortie de prison il y a cinq ans. Mais hors de question pour moi de me laisser passer les bracelets devant ma famille et mes voisins juste pour assurer le spectacle.

— Que vas-tu faire maintenant, alors ?

— Aller voir mon avocat. Il m'indiquera la marche à suivre. Ensuite, on essaiera de dissiper ce malentendu. D'ici là, mon fils reste avec toi. Je ne suis pas tranquille à l'idée de l'emmener dans ces conditions. Tu comprends ?

— Bien sûr. Je le garde le temps qu'il faudra. Fais bien attention à toi.

Ma sœur, ainsi qu'elle en a l'habitude quand elle estime que je déconne, ne m'a pas ménagé. Mais l'affection reste la plus forte. On se quitte sur une étreinte fraternelle. Nos cœurs et nos gorges serrés.

Direction le centre commercial Rosny 2, en bordure de l'autoroute A3, où j'ai donné rendez-vous à un copain susceptible de me tendre une main secourable, puis de m'héberger durant quelques heures. En attendant que tout ce merdier se tasse. Ne serait-ce qu'un peu. Auparavant, il me vient l'idée d'appeler mon associé, au siège de la boîte. Ma femme, elle, ne répond pas. J'évite de m'inquiéter. Pas encore. Peut-être a-t-elle simplement décidé d'aller faire quelques courses.

Le malaise m'a saisi d'un coup en entendant la voix de mon pote au bout du fil. Sa respiration, sifflante, résonne dans l'écouteur, provoquant une sorte d'écho inhabituel. Quant à son intonation, comme altérée par la pétoche, elle rend son timbre quasi méconnaissable. Je devine qu'il a branché le haut-parleur. Contraint et forcé. Notre conversation est écoutée. Aucun doute, les flics sont à mes trousses. Je raccroche donc. Doucement.

Triste veillée d'armes

J'ai retrouvé mon vieil ami à l'endroit convenu, sur le parking du McDo de Rosny 2, afin de pouvoir m'exfiltrer au plus vite en cas d'urgence. Aussitôt, je décide de rappeler Farida d'une autre cabine téléphonique qui, à quelques mètres de nous, me tend les bras. Sans plus de succès.

Cette fois, l'angoisse enserre ma poitrine. Un mauvais pressentiment m'envahit peu à peu. Atterré, je glisse à mon camarade :

— Ils sont montés chez moi et l'ont embarquée avec Amar, mon aîné. Sinon, l'un ou l'autre répondrait.

— Mais pourquoi ? Tu as quelque chose à te reprocher ?

— Rien du tout. J'ai même eu l'impression que les flics qui m'attendaient ce matin ne semblaient pas me connaître.

— Alors pourquoi ne pas aller les voir ? Tu pourrais ainsi te disculper.

— Tu rêves, vieux ! Et surtout, tu ne les connais pas. On voit bien que tu n'as jamais eu affaire à eux. Ces gens-là, quand ils cherchent, finissent toujours par trouver. Quitte à forcer un peu le destin. Ou à tordre la vérité. Ils commencent par te coffrer. Puis enquêtent ensuite. Y compris s'ils n'ont pas le plus petit commencement de preuve contre toi.

— C'est égal. Je suis seul, en ce moment. Tu peux te planquer à la maison. Une semaine, si tu veux.

— Je te remercie et n'en attendais pas moins d'un frangin comme toi. Mais une nuit devrait suffire. Juste le temps de me retourner.

Décision salutaire qui me permettra de recharger un peu les accus. Car la nuit suivante, je la passerai au violon. Échec et mat sur toute la ligne.

Nouvelle tentative téléphonique infructueuse. À l'étude de mon avocat, cette fois. La secrétaire, très aimable, me recommande de rappeler entre 12 h 30 et 13 heures. Façon de dire qu'il ne déjeunera pas à l'extérieur et ne prendra qu'une collation à son bureau. Ce qui m'arrange plutôt. Mais j'ignore encore à quel point.

L'esprit de plus en plus chamboulé par l'accélération brutale des événements, flippants au possible, qui se succèdent depuis ce matin, j'enchaîne en pensant composer le numéro de chez moi. Je me goure et appelle chez ma sœur. Quel con !

Cela ne fera que l'inquiéter de nouveau. L'erreur, en fait, se révèle payante. D'un certain point de vue s'entend.

À ma grande surprise, je tombe sur Majid, mon fils cadet. Le gamin, heureux comme tout, saute sur l'occasion.

— Papa ! C'est toi ? Où es-tu ?

— Et toi ? Comment se fait-il que tu ne sois pas chez tata ?

— Mais j'y suis, papa !

— Mince ! Je pensais appeler chez nous et parler à maman.

— Justement. Elle vient d'appeler. Elle a demandé à tata de venir chercher Amar à Nanterre. Au commissariat. C'est là qu'ils sont, tous les deux. Tata, avant de partir, m'a dit de t'avertir si tu téléphonais. Et de te prévenir qu'elle ne rentrera que vers 14 heures.

Abasourdi, les jambes en coton, je réponds d'une voix blanche :

— Merci mon garçon. Je t'embrasse.

Je m'assieds. Comme un boxeur groggy après un coup décisif. Mon intuition ne m'avait pas trompé. Plus question d'aller dormir chez mon pote ce soir. Après quelques minutes d'intense gamberge, je rappelle dare-dare mon avocat. À l'heure prévue. Avide de conseils autant que possible.

— Voilà, maître : la police a débarqué chez moi ce matin. Après m'avoir manqué, ils ont emmené ma femme et mon fils aîné, âgé de quinze ans, afin de les retenir dans leurs locaux. À Nanterre.

— Eh bien, monsieur Abbas, les choses sont limpides. C'est vous qu'ils veulent.

— Je n'en doute pas, maître. En revanche, j'ignore les raisons de leur démarche. Depuis ma sortie de prison, il y a cinq ans, je me tiens tranquille.

— Tout ce que je peux vous dire, c'est qu'à Nanterre se trouvent les bureaux du ministère de l'Intérieur, centralisant la lutte contre le trafic de stupéfiants. À l'échelle nationale et internationale.

— Mais je n'ai jamais touché à la came, moi !

— Rassurez-vous : votre femme a le droit à l'assistance d'un avocat. Dès la quarantième heure de sa garde à vue. Je vais faire le nécessaire auprès du procureur de la République. Rappelez-moi en fin de soirée.

Je raccroche, le moral au plus bas. Mais je n'ai pas encore touché le fond. Tant s'en faut.

— Allons manger un morceau, préconise mon vieux complice.

J'opine du chef. Sans trop de conviction.

Quelle journée, mes aïeux !

Incrédule, je contemple mon assiette. L'estomac noué et l'esprit ailleurs, j'ai eu toutes les peines du monde à venir à bout de ma pizza. En temps normal, trois bouchées auraient suffi. Un bref coup d'œil sur le cadran de ma montre me ramène aux sombres réalités du jour. Les aiguilles marquent 14 h 40. Ma sœur, si tout va bien, a dû rentrer chez elle. Sans doute avec Amar, mon fils aîné. Mais les poulets ont bien sûr maintenu Farida en garde à vue. Alors qu'aucune charge ne pèse contre elle.

Pitoyable système judiciaire que celui où des innocents ont valeur de monnaie d'échange, quand il s'agit de faire pression sur leurs proches !

En face de moi, Momo, mon vieux copain, flanqué de Daniel, un autre pote, a fini par se ranger à mes arguments quand je lui ai expliqué que les flics n'hésiteraient pas à interroger Farida, avec le secret espoir de la mettre en difficulté. Ou bien de glaner des éléments à charge contre moi. Il a tiqué lorsque j'ai évoqué mon intention de me rendre à Nanterre, au siège de l'OCRTIS, mais a préféré garder ses réflexions pour lui. Je lui en sais gré. Même si son regard, éloquent, résume sa pensée. Je m'apprête à me jeter sciemment dans la gueule du loup. Mais que faire d'autre ?

— Rejoins-moi à la cabine téléphonique, je vais rappeler ma sœur, lui dis-je.

Nadia décroche à la première sonnerie. Comme si elle attendait mon coup de fil à tout moment. Pince-sans-rire, mais soulagée, elle me lance :

— Tu m'auras fait courir, aujourd'hui. Mais ton fils aîné est là. À côté de moi. Ta femme, en revanche, les policiers ne m'ont même pas laissée l'approcher. Ils m'ont juste glissé qu'il te fallait joindre de toute urgence le commissaire en charge de l'enquête.

— Je me demande bien ce que je pourrais lui dire.

— À toi de voir. En attendant, Amar veut te parler. Je te le passe.

Une onde de bonheur, trop brève hélas, me traverse l'échine en entendant la voix de mon fiston.

— Bonjour, papa.

— Bonjour, mon grand. Je suis vraiment désolé de ce qui t'est arrivé, mais je n'y comprends pas grand-chose. As-tu entendu des informations qui pourraient m'aider à y voir plus clair ?

— Oui. Ils ont demandé plusieurs fois à maman si tu connaissais Raymond Aral.

— Ayral, tu veux dire ? Oui, je le connais.

— Et aussi ils ont parlé d'un certain Muses, je crois.

— Raymond ! Il y a plus d'un an que je ne l'ai pas revu.

J'ai enchaîné à voix basse, comme si je parlais tout seul.

— Tu sais, papa, ils ont aussi dit qu'ils garderaient maman en prison tant que tu ne te rendrais pas. Alors je t'en prie : fais-le !

— Sois tranquille, mon fils. Je te promets que ta mère sera à la maison demain. Je vais me constituer prisonnier. Au plus vite. Je t'embrasse. Prends soin de ton frère et n'oublie pas d'aider tata.

J'ai raccroché, la rage au ventre. Écœuré, gorge nouée et pattes flageolantes. Ma respiration semble bloquée au niveau du plexus. Que reste-t-il de cette fugitive sensation de bien-être il y a quelques minutes ? Les copains m'ont rejoint. Tous deux, avec un bel ensemble, baissent la tête vers la pointe de leurs chaussures.

Ma décision est prise. Rien à ajouter. Mais que vient donc foutre Raymond Ayral dans l'affaire ? Pas si difficile à comprendre. Il fait partie de la fameuse filière de trafiquants démantelée le mois dernier. C'est un ancien codétenu, rencontré à Fleury. Mais je n'ai pas revu ce type, que j'apprécie d'ailleurs assez peu, depuis plus d'une année. Pour tout dire, je ne l'ai jamais trouvé très franc du collier. Je fouille dans mes souvenirs, à la recherche d'éléments déterminants qui pourraient inciter les flics à me croire lié aux activités d'Ayral. En vain. Pas si soulagé que cela pour autant.

Comme si ma décision, lourde de conséquences, avait permis à mes nerfs, tétanisés par la tension des heures durant, de se relâcher enfin un peu, je ressens maintenant une immense fatigue. Elle ne va plus tarder à me submerger. Finalement, je cède à l'insistance de Momo. Je vais donc roupiller chez lui cette nuit. Il sera bien temps d'aller me livrer demain matin.

*

La garde à vue commence dans un climat tendu

Les bureaux du ministère de l'Intérieur, à Nanterre, se situent dans la partie rénovée de la ville. Un building neuf, aux lignes futuristes, où tout n'est que vitrage et béton. Seule une plaque de cuivre, discrète, décline leur fonction. Tendu comme une corde de violon, j'aspire à pleine bouche ma dernière bouffée de liberté. Puis pénètre, d'un pas décidé, dans la fosse aux lions. Après ma femme et mon fils, j'ai le sentiment diffus de faire office de troisième otage entre les griffes de l'OCRTIS.

Je découvrirai bientôt à quel point cette intuition est pertinente.

Le réceptionniste, fort poli, enregistre mon nom puis me tend un badge barré de la mention « visiteur ». Le sourire aux lèvres, il m'invite à patienter dans la salle d'attente. Je m'y rends, tel un robot, poings et mâchoires serrés à craquer. Dans mes tempes, j'entends palpiter le rythme de mon cœur qui s'emballe.

Fin des mondanités ! Déjà, la porte de l'ascenseur, dans le grand hall, s'ouvre sur cinq mecs aux regards de prédateurs. Je réprime une furieuse envie de déguerpir mais me lève pour leur faire face.

— C'est toi Abbas ? me lance l'un d'eux, tel un défi.

Pas même le temps de répondre. Je suis saisi, empoigné, bousculé, traîné jusqu'au mur le plus proche, mains plaquées, jambes écartées, puis palpé et fouillé au corps. Mon badge est arraché. Comme pour signifier les limites de mon éphémère statut de visiteur. Le plus virulent de la meute me jette à la face que je vais être aussi mis en examen pour tentative de meurtre sur l'un de leurs collègues, venu m'appréhender à mon domicile.

— Tu sais ? Le gars que tu as tenté d'écraser, me précise-t-il.

Ça commence bien !

Ils m'installent dans un bureau, debout, à l'étage où se trouvent leurs locaux. L'interrogatoire démarre. Je me garde de répondre mais mon attitude, ma faculté à encaisser ainsi que l'expression de mon regard suffisent à les édifier. À contrecœur sans doute, ils finissent par me faire asseoir, me proposant même une boisson de mon choix. Je refuse. Puis leur jette :

— Tant que vous retiendrez ma femme, aucun mot ne sortira de ma bouche.

— Tu te crois où ? me répond l'un des sbires.

— Chez des preneurs d'otages.

Estimant en avoir assez dit, je croise les bras. Et me mure dans un silence buté.

Le plus ancien des cinq, un peu grisonnant, prend alors la parole.

— Je suis commissaire principal. Tu es ici pour une affaire très grave, Yunice. Si tu coopères, on peut s'arranger avec le juge, afin de faire sortir ta femme dans les meilleurs délais.

— Pour pouvoir coopérer, comme vous dites, il faut déjà être coupable de quelque chose. Or, vous n'avez rien contre moi. Absolument rien. Parce que je n'ai rien fait. Et vous le savez très bien.

Ma réponse paraît les prendre de court. Pas longtemps. Ils se concertent du regard, puis le commissaire poursuit :

— Tu n'as pas l'air de comprendre. On a de quoi te faire plonger. Pour au moins sept ans. C'est une grosse affaire, alors tu balances et on décroche ta femme.

— Commissaire, balancer implique, au moins, une complicité, même passive, qui justifierait ma présence ici. Ce n'est pas le cas.

L'un des membres du quintette intervient :

— Petit malin, tu me reconnais ? Tu as essayé de m'écraser, hier matin. Si ton fils ne s'était pas trouvé dans la voiture à ce moment-là, je t'aurais tiré dessus. En état de légitime défense.

Piqué au vif, j'entre dans son jeu :

— Comment pouvez-vous affirmer cela ? Lorsque j'ai démarré, vous vous trouviez côté passager. Et n'avez pas décliné votre qualité de policier. Je vous ai pris pour un représentant.

La sonnerie du téléphone, sur le bureau du commissaire, interrompt notre échange peu amène.

Figé de respect, celui-ci glisse dans le combiné :

— Oui, monsieur le juge. Abbas s'est présenté à nos services. Spontanément. Il se trouve en face de moi. Oui, monsieur le juge. Nous libérons son épouse. Sans délai. Bonne journée, monsieur le juge.

Regonflé par cette excellente nouvelle vécue en direct, j'attaque bille en tête :

— Du bidonnage, tout ça ! Vous prenez ma femme en otage. Vous faites le show devant chez moi. Vous me grillez à mon travail. Pourquoi ? Pour une affaire sur laquelle vous avez enquêté, pendant quinze mois, sans jamais remarquer ma présence, de près ou de loin, avec les mis en cause.

— Nous agissons sur commission rogatoire du juge d'instruction, Yunice. Point à la ligne. Dis-moi plutôt si tu souhaites voir ta femme avant qu'elle s'en aille. Et si tu veux prévenir ton avocat.

— Oui. Bien sûr.

Depuis l'appel du magistrat instructeur, l'ambiance s'est nettement détendue. L'échange avec mon avocat, lui aussi, a fait baisser la pression d'un cran. Mais l'entrevue avec Farida, pourtant très brève, fait replonger mon moral. À pic !

Elle ne dit mot mais me toise de haut en bas, d'un regard noir et réprobateur. Sans équivoque. À cet instant, j'ai honte. De tout ce que j'ai fait subir à ma famille. Depuis toutes ces années. Je sens la colère monter, telle une vague déferlante. Contre moi-même, d'abord, mais également contre ce système injuste, impitoyable qui, non content de m'avoir maintenu la tête sous l'eau pour me noyer, dès l'âge de vingt-cinq ans, prétend désormais démolir ma fragile résurrection sociale. Les larmes brouillant mes yeux, ivre de rage, je me détourne d'elle puis lui fais signe de partir.

Compréhensifs, les flics me laissent quelques minutes pour encaisser ce pénible moment. N'ayant plus d'*a priori* contre le travail des enquêteurs, je réponds maintenant à leurs questions préliminaires, indispensables au bon déroulement de l'enquête. Dans un second temps, je me plie au cérémonial de la séance photo, face et profil, puis à celui des empreintes digitales. Au bout du compte, baladé d'un bureau à l'autre par des agents devenus, en apparence, souriants et sympathiques, abreuvé de cafés et empiffré de sandwichs, je finis par m'apaiser un peu.

Du vent ! Je vais devoir attendre le deuxième jour de ma garde à vue pour – enfin – connaître la nature des charges qui pèsent contre moi. Jugées suffisantes par la machine judiciaire pour débarquer un matin à mon domicile, me menacer devant mon gamin, procéder à une perquisition, traumatiser ma famille embarquée, au vu et au su de nos voisins, puis investir mon lieu de travail.

Et là, plus dure sera la chute !

14

L'affaire des Muses : un polar grandeur nature

Réveillé très tôt grâce à la diligence de mes gardiens, je débute cette journée du 8 juillet 1993 de la pire façon qui soit. J'ai pris connaissance des dépositions de deux accusateurs. J'en reste sidéré.

Ainsi donc, aux yeux de la justice de mon pays, la liberté, l'avenir, les chances de réinsertion et la dignité d'un citoyen, qui a déjà payé chèrement ses conneries de jeunesse, ne pèsent rien face à quelques phrases sorties de la bouche de suspects arrêtés, en flagrant délit, et recueillies au cours de leur garde à vue. Le tout dans le cadre d'une enquête internationale visant un trafic de stupéfiants. Effarant !

Affable, ou compatissant, le commissaire met un point d'honneur à m'affranchir. En procédant de la sorte, ces deux minables balances espèrent bénéficier de l'ancien article L627/5, dit « loi des repentis ». Celui-ci offre à toute personne mise en cause dans une affaire de drogue l'immunité totale si elle contribue à l'opportunité d'une arrestation en flagrant délit. À défaut, cette disposition légale divise par deux la peine encourue. Il suffit pour cela de divulguer des informations, sous réserve qu'elles soient confirmées par des éléments objectifs, eux-mêmes apparus durant l'enquête menée à la suite de ces dénonciations.

Un peu comme une sorte de loto. Facile, pas cher et pouvant rapporter gros. Avec, en prime, une chance au grattage et l'autre au tirage.

Une honte ! Mais tout le monde peut s'essayer à ce funeste jeu. Y compris des gens peu recommandables.

Deux dénonciateurs et un voyage au Maroc

Pas mécontents de leur effet, les poulets poussent leur avantage. Ils m'exhibent la facture d'un hôtel, au Maroc, dans lequel j'ai passé des vacances en famille deux ans plus tôt. Comme si cela prouvait quoi que ce soit.

— On ne rit plus, Yunice, me lance l'un d'eux. Tu dois t'expliquer, maintenant que tu connais les charges qui pèsent contre toi.

Atterré, je réponds :

— Vous divaguez. Ou bien vous mélangez le vrai et le faux, afin d'en tirer des conclusions fallacieuses, aux conséquences gravissimes. C'est scandaleux !

— On ne fait que notre travail. Tu prétends que tu n'as rien à voir avec ce trafic de came, mais tu voyages au Maroc. Et pile-poil à la même époque. Tu nous prends pour des truffes. Mais nous en avons fini avec toi. Ton dossier va être transmis au magistrat instructeur. À charge pour lui de décider de ton sort.

Renvoyé dans ma cellule, je pars illico dans une intense gamberge. Innombrables, les questions se succèdent dans ma tête. D'un côté, je comprends bien les motivations, évidentes, des deux salopards qui m'ont balancé. Mais ces fameux « éléments objectifs, ressortis de l'enquête sur la base de leurs dénonciations », où sont-ils ?

Mystère et boule de gomme.

Partagé entre colère et espérance, je suis tenté de m'en remettre à l'objectivité, ainsi qu'au professionnalisme du juge. Mais comment ignorer que mon casier judiciaire joue contre moi ? Et qu'il lui sera loisible, s'il le décide, de me faire endosser n'importe quelle malveillance pour justifier une incarcération ?

Mes cogitations s'arrêtent ensuite sur la personnalité de mes dénonciateurs.

Le premier, que je ne connais guère, s'appelle Joseph Pâques. C'est un ingénieur chimiste de nationalité belge. Il a été interpellé, en Tchécoslovaquie, en février 1992, après la découverte d'un laboratoire produisant de l'ecstasy installé en région parisienne. Il y aurait exercé ses talents. Deux mois plus tard, ledit Pâques se met à table. Il balance d'abord Roland Plégat, un ancien truand reconverti comme restaurateur à Paris, l'accusant d'être l'organisateur d'un important trafic de stupéfiants entre le Brésil et la France, auquel lui-même reconnaît avoir collaboré. Puis précise tenir cette information de Raymond Ayral, l'un des chaînons de la filière, avec qui il entretient des relations de complicité. Dans un second temps, au détour de l'une de ses dépositions, il cite mon nom comme appartenant à ce réseau de malfaiteurs.

Raymond Ayral, lui, je le connais très bien. Parlons-en ! Je l'ai rencontré à Fleury-Mérogis quelques années plus tôt. Je le considérais comme un pote, sans plus. Jusqu'au moment où il est venu me mettre le marché en main, à propos des planques que j'ai, de fait, installées dans des bagnoles en vue de leurs trafics.

Je me remémore les raisons de la brouille qui s'est ensuivie entre lui et moi. Suffisamment sérieuses pour m'éloigner de ce sale type. À l'époque de ma complicité avec cette bande, je suis bien parti en vacances – les premières depuis fort longtemps – au Maroc, avec ma famille. À l'hôtel où je séjournais, j'ai pu rencontrer des amis. Dont je connaissais l'activité dans le trafic de cannabis. Ayral, sachant que je m'y rendais, avait souhaité y passer quelques jours en ma compagnie. Dans le but évident de nouer des contacts commerciaux avec mes potes autochtones. Bien qu'assez tiède à cette perspective, j'ai accepté de le rencontrer sur place. Mais je me suis refusé à le cornaquer auprès d'eux. Contrairement à ce qu'il espérait.

Qu'à cela ne tienne : il m'a donc doublé. Sans état d'âme aucun, et contre ma volonté, en faisant affaire dans mon dos avec ces pourvoyeurs de cannabis. À peine avais-je quitté l'hôtel qu'il a pu concrétiser ses intentions. Non sans leur affirmer que j'étais le garant de ce nouveau partenariat, initié à mon insu. Et pour mon malheur. J'y reviendrai.

De retour à Paris, alors que je suis fort loin de toutes ses magouilles, ledit Ayral réapparaît. Voilà qu'il me propose, à plusieurs reprises, de me présenter ses « amis des Muses ». Selon lui, ceux-ci auraient une grosse dette à l'égard de truands sud-américains, pour un trafic antérieur de cocaïne. Il m'a souvent parlé de ce restaurant, sis au faubourg Saint-Honoré, à quelques pas des palais de la République. Ce tartarin aime à y frayer avec le gratin du Tout-Paris. Institutionnel et judiciaire, surtout.

Membres éminents du Conseil constitutionnel, tout proche, hauts magistrats, avocats et grands flics ont leurs habitudes dans cet établissement qui, d'un point de vue gastronomique aussi, jouit d'une excellente réputation. Mais puisque la perfection n'existe pas en ce bas monde, nombre de truands de haut vol, friqués de préférence, en ont également fait leur repaire. Rien d'étonnant à cela, sachant que le maître des lieux, Roland Plégat, présente lui-même un casier judiciaire chargé. Souvenir de ses folles années de jeunesse. Devenu, avec bonheur, restaurateur au tournant de la quarantaine, le sieur Plégat est rangé des voitures depuis. Ce qui lui a permis, petit à petit, de se constituer un carnet d'adresses mondain. À faire pâlir d'envie une rock star.

Suffisant pour que ce crétin d'Ayral, à la moindre occasion, se vante en ma présence de ses « relations privilégiées » avec la police. Voire de « protections », dispensées par ses fameux

« amis des Muses ». Comme pour mieux me convaincre de les rencontrer.

Un jour enfin, agacé par son manège, je lui enjoins de se montrer plus précis. Ayral, alors, me lâche le morceau. L'idée consisterait à mettre ses foutus « amis des Muses » en relation avec les miens au Maroc. L'effet obtenu auprès de mézigue est immédiat, définitif et rigoureusement inverse à celui recherché. Flairant le coup tordu, je décline à nouveau son offre. Sans trop de ménagement.

Bien m'en prend. Même si cela ne m'empêche pas de me retrouver empêtré dans l'une de ses peu reluisantes combines.

Vers la fin de l'année, les Marocains m'appellent au téléphone.

— Quand est-ce que tu nous paies ? me demandent-ils tout de go.

Interloqué, je ne peux que leur répondre :

— Je paie toujours ce que je dois. Mais j'ai besoin de savoir quoi.

— Allons, tu le sais bien, m'entends-je répondre. Ce n'est pas si vieux, puisque ça date de l'été dernier.

Dans ce genre de situation, j'ai tendance à trancher dans le vif. Plutôt que de laisser l'abcès s'enkyster, je veux dire. Expérience oblige. Rien de pire, chez les truands, que de voir un malentendu s'envenimer.

— OK. Je saute dans un avion et viens vous voir au plus vite.

Ma proposition, à l'évidence, fait l'unanimité là-bas. Direction Tanger, où je passerai un week-end. Ma funeste prémonition ne m'a pas trompé. Sur la foi de ma caution et de ma parole – que je n'ai jamais données – les Marocains m'assurent avoir avancé 50 kilos de cannabis à « mon ami Ayral ». Que celui-ci n'a bien sûr jamais payés depuis.

Je fulmine. Ah, comme j'aimerais avoir cette planche pourrie sous la pogne ! En attendant, il faut sortir de ce mauvais pas, vivant, de préférence.

— Vous ai-je déjà, ne serait-ce qu'une fois, demandé un crédit en marchandise depuis qu'on se connaît ?

Mes interlocuteurs reconnaissent que non. Pour eux, je suis de bonne foi et c'est bien ce salopard d'Ayral qui les a mis marron.

— Mais on te demande quand même de nous aider à récupérer l'argent, me précise l'un des mecs d'une voix doucereuse.

Je leur réponds, du tac au tac, qu'à partir de cet instant je suis fâché à mort avec ce triste sire. Que je ne suis, de fait, en rien responsable de leur mésaventure. Mais je leur explique aussi qu'Ayral va à coup sûr revenir les voir, le bec enfariné, afin de poursuivre avec eux ses petites affaires. Et qu'il sera temps, à ce moment-là, de régler ce différend. De mon côté, je m'engage à le secouer, et vivement, dès que je le reverrai, en France. Pour qu'il daigne apurer les dettes qu'il prétend pouvoir contracter en mon nom. Enfin, je leur demande de me tenir au courant de l'avancée des tractations.

Je les sens sceptiques, mais ils s'en contentent. On se quitte, un peu fraîchement malgré tout, sur cette gentille déclaration d'intention. Que je suis bien décidé à honorer au plus vite. Sauf qu'entre ce que je crois n'être qu'une minable « embrouille » et mon incarcération, je ne reverrai jamais ce sale type. Tant mieux pour lui !

Tout heureux d'avoir ramené ma peau sans encombre à Paris, j'ignore encore l'autre aspect essentiel de l'histoire. Je viens de tirer, et pour la première fois, le fil d'une énorme pelote. Celle, probablement, de la plus incroyable manipulation – je préfère éviter les mots qui fâchent – de l'histoire de l'institution judiciaire dans notre beau pays de France.

Car l'affaire dite « des Muses », sur laquelle je vais divulguer – presque – tout, hormis l'identité du magistrat instructeur et celles des flics de l'OCRTIS qui l'ont diligentée, est un polar en vraie grandeur, auquel nul auteur ou cinéaste de génie n'aurait à ce jour jamais pensé. Un scénario improbable mais pourtant vrai, dans lequel la réalité dépasse (et de beaucoup) la fiction.

Alors patience ! Le meilleur reste à venir.

*

Douché et rasé de frais, ce qui n'est pas vraiment un luxe, me voilà fin prêt pour aborder le grand moment tant attendu. « Beau comme un camion », n'aurait pas manqué de dire mon pote Momo. Histoire de me chambrer. Mais plus personne, dans mon entourage, n'a envie de faire de l'esprit.

Enfermé pendant sept mois à la prison de Villepinte, j'attends. Je ne fais même que ça, depuis que le magistrat instructeur m'a promis, lors d'un bref entretien au terme de ma garde à vue, d'organiser cette audition sur le fond.

— Dans les meilleurs délais possibles, a-t-il précisé.

Il faut croire que temps judiciaire et carcéral n'ont pas vraiment la même échelle.

Un magistrat bien sous tous rapports… derrière son masque

Je ne suis pas inquiet pour autant. Lors de ce face-à-face, plutôt courtois, le juge a fait montre d'une étonnante correction. Cet homme assez jeune, mince, pour ne pas dire frêle, d'apparence presque timide par moments, parfois souriant et toujours direct dans ses questions, m'a laissé une bonne impression. Sa détermination – son ambition peut-être – transparaît surtout dans sa voix. Énergique, bien timbrée et autoritaire. Bien qu'elle soit assez discordante avec le reste de sa physionomie, ce détail suffit à rappeler, si nécessaire, que le patron c'est bien lui. Je n'en ai jamais douté.

Je comprends alors que le substitut du procureur de la République, ayant requis la mise en détention provisoire, ignorait, pour sa part, les détails du dossier. Il ne connaissait que l'acte d'accusation et, en conséquence, se serait borné à suivre les réquisitions du parquet, consignées sur un strict formulaire administratif. Celui-ci, succinct, se résume à des motifs convenus. Du style : « Les faits reprochés sont très graves... Le prévenu a déjà été condamné... Il y a trouble à l'ordre public... Des investigations additionnelles sont nécessaires à la manifestation de la vérité... » Voire, mieux encore : « Les garanties de représentation n'étant pas réunies, il convient de délivrer un mandat de dépôt à l'encontre de M. Abbas, d'une durée de quatre mois. »

Présence de l'avocat ? Présomption d'innocence ? Éléments objectifs, ou factuels, découlant de l'enquête préliminaire ? *Nada* ! Pourtant, je me suis bel et bien retrouvé au violon. Et les semaines se sont déjà passablement accumulées.

Mon interlocuteur, qui a eu le bon goût de s'en excuser, semble résolu à gommer cette apparence d'improvisation. J'en prends acte. Il insiste sur son devoir de vérifier la véracité des accusations, sincères ou non, lancées à mon encontre. Puis enchaîne sur sa volonté d'examiner, dès que les commissions rogatoires seront enregistrées, l'évolution de ma situation. Avant de conclure, il va même jusqu'à affirmer me savoir étranger à cette sombre affaire. Son discours, autant que son attitude, m'impressionne. J'ai la naïveté de croire à la spontanéité de ses propos. Puis je le quitte, après un cordial hochement de tête.

Incorrigible, le père Yunice ! À défaut d'apprécier le système, je crois en l'homme. On ne se refait pas.

Une autre raison, bien plus concrète celle-là, m'incline à faire confiance au magistrat instructeur. Suite à ma garde à vue, j'ai passé quatre jours à la prison de la Santé. À la demande de mon avocat, une mesure de rapprochement familial a été accordée par le juge. Les véritables causes de cette mansuétude ne tarderont pas à apparaître. Je me suis, ainsi, retrouvé à Villepinte. À l'époque, cette maison d'arrêt, dite de « gestion privée », n'a pas encore atteint trois ans d'âge.

Assez vite, je me suis habitué tant bien que mal à ce nouveau régime. Même si tout, ici, n'est pas rose. Loin de là. Le pire ? La bouffe. Innommable ! Les repas nous sont préparés par la société Eurest. Que je mets ici un point d'honneur à citer. Avec les déchets de cantines scolaires et d'entreprises des environs. Grâce à ces grands humanistes, j'ai pu manger, pour la première fois de ma vie, de la volaille – pas cuite – avec ses plumes. Du couscous-épinards, paraît-il, chose que je n'avais encore jamais vue. Et tant d'autres merveilles de la cuisine carcérale. À peine réchauffée sur place.

Au rayon de l'activité physique, indispensable à l'équilibre des taulards, le bilan apparaît, là encore, mitigé. Certes, nous disposons d'une heure de promenade, matin et après-midi, dans de vastes cours, bien aménagées et dotées de panneaux de basket. Seul problème, de taille : les ballons sont interdits. À cela s'ajoutent un gymnase et une salle de musculation correctement équipés, ainsi qu'une infirmerie dépendant de l'hôpital Robert-Ballanger voisin, où exercent des médecins compétents et bien formés.

Autre bonne surprise, la plupart des cellules sont individuelles. Hormis quelques-unes qui peuvent accueillir deux détenus. De la mienne, j'ai passé de longues minutes, chaque jour, à observer les avions, au décollage ou à l'atterrissage, sur les pistes de l'aéroport Charles-de-Gaulle, visible en contrebas du bâtiment. Ou bien les rubans colorés constitués, dans le lointain, par les files de voitures qui se pressent autour de l'échangeur reliant les autoroutes A1 et A3. Souvent, la nostalgie de la liberté me saisit alors aux tripes. Combien de temps vais-je devoir croupir ici ? Je n'en ai pas la moindre idée.

Dans l'ensemble, les conditions de détention m'apparaissent correctes. En revanche, je suis rétif aux prix de nos achats. Eu égard au caractère semi-privé de l'établissement, ceux-ci sont prohibitifs. *A fortiori* pour des prisonniers. De plus, leur qualité laisse à désirer. Je me découvre sceptique face à cette privatisation des prisons, pourtant à la mode, qui connaît alors ses prémices.

Un jour, on nous annonce une excellente nouvelle. Roger Quiniou, à l'époque l'un des arbitres français parmi les plus cotés du football international, vient passer une journée à la maison d'arrêt. Il souhaite y promouvoir son école de formation à l'arbitrage, en milieu carcéral, et ce au même titre que dans des filières plus classiques, comme les établissements scolaires. Un beau projet à mon avis. Qui s'inscrit dans une logique évidente de réinsertion, et enseigne des règles élémentaires de la vie en société. En usage sur les terrains de sport, oui, mais pas seulement. Hélas, cette initiative n'aura fonctionné que pendant deux ans. Guère plus que ce que durent les roses...

J'ai eu le temps de prendre mes marques, sept mois durant, avant mon entretien prometteur avec le juge d'instruction. Sur « le fond de l'affaire », comme il n'a pas manqué de le répéter. Jusque-là, nous n'avions parlé que de procédure.

Quelques jours plus tard, je suis donc assez serein quand, un matin, dans la salle de musculation où j'effectue quelques mouvements d'assouplissement, on m'informe de la visite de mon avocat au parloir. Les suites logiques et, qui sait, peut-être bénéfiques de l'échange avec le magistrat, me dis-je.

La bonne blague !

Le baveux affiche une mine sombre et préoccupée. Il prend sa respiration puis démarre bille en tête.

— Je dois vous entretenir d'éléments additionnels qui viennent de se voir versés au dossier, monsieur Abbas. Autant vous le dire tout de suite, ce ne sont pas de bonnes nouvelles.

Mes pulsations montent en flèche. Que va-t-il m'annoncer ?

Déjà, le voilà qui enchaîne :

— Votre principal accusateur, Raymond Ayral, a rédigé une lettre de huit pages qu'il vient d'adresser au juge d'instruction. Non seulement il y confirme ses allégations initiales contre vous, mais il en ajoute de nouvelles. Notamment en vous collant un homicide sur le dos.

Cette fois, c'est le bouquet ! Voilà que le cauchemar recommence. En pire ! Le sentiment d'être devenu un pion, ballotté entre les mains de cette bande de salopards, ne m'a jamais assailli avec une telle virulence qu'à cet instant.

Ma propre enquête commence

D'abord assommé par cet énième coup de bambou, je me résous, au bout de quelques jours de gamberge, à adopter une ferme résolution. Quitte à retourner au placard, j'aurai le fin mot de ce micmac, d'où partent les volées de balles qui sifflent à mes oreilles. Alors moi aussi, je vais donc m'employer à mener ma propre enquête.

Patiemment, pendant deux ans, je vais assembler les pièces de ce puzzle diabolique. Grâce aux éléments du dossier, apparus tout au long de l'instruction, à des informations de mon avocat, mais aussi émanant d'autres sources, en béton, qui pour certaines d'entre elles n'hésiteront pas, bien plus tard, à me communiquer des documents d'une extrême importance.

La finalité de ce mécanisme infernal, qui transite par un labyrinthe dans lequel il faut traverser un écran de fumée entretenu par des personnages dont la fonction, en principe, consiste à assurer le maintien de l'ordre et la bonne administration de la justice, je ne la découvrirai qu'au bout de trois années. Dans le box des accusés du tribunal correctionnel de Paris. Les hasards de l'existence m'y feront retrouver un grand flic dont j'ai déjà croisé la route. Sauf que cette fois, il siègera à mes côtés, sur le banc de bois où sont assis les prévenus.

Je parle de Philippe Féval. La principale victime collatérale de cette enquête pas comme les autres. Laquelle va salement déraper.

Tout commence par la découverte en Tchécoslovaquie du fameux labo clandestin de Joseph Pâques, l'ingénieur chimiste belge, effectuée par la DEA américaine[1]. Celle-ci y saisit des quantités substantielles de cocaïne, puis transmet ses conclusions au parquet de Paris. Entre-temps, les limiers US ont mis au jour l'existence d'un autre laboratoire, exploité lui aussi par Pâques, mais en région parisienne.

Le dossier, *via* la chancellerie, échoit alors au juge instruisant la future « affaire des Muses ». Ce dernier, sur la foi des accusations portées contre Roland Plégat, le patron du restaurant du même nom, s'empresse d'ouvrir contre lui une enquête préliminaire.

La procédure, au bout de quatre mois, ne porte pas le moindre fruit. Mais la conviction du magistrat, secondé par les flics de l'OCRTIS, qui partagent ses vues, n'a pas varié pour autant. À défaut d'avoir trouvé le moindre élément à charge, ces limiers décident alors de confondre Plégat en le prenant la main dans le sac. Quitte à forcer un peu le destin...

Pour cela, ils organisent une vente de cocaïne sous contrôle, censée allécher le restaurateur suspect. Ce faisant, ils savent déjà que de telles pratiques sont tout à fait illégales. La ligne jaune est allègrement franchie. Mais qui pourrait croire que ces fonctionnaires de police, zélés et soucieux de leur hiérarchie – autant que de leur avancement – auraient pris un tel risque sans l'aval, explicite ou non, du magistrat sous l'autorité duquel ils investiguaient ?

Impensable. À plus forte raison en France.

Un tandem de sac et de corde

À ce moment de l'histoire entre en scène un bien triste tandem. Il est constitué de Raymond Ayral – une vieille connaissance, désormais – et d'une crapule de haut vol, un

1. Drug Enforcement Administration : administration dédiée au contrôle et à la répression du trafic de stupéfiants aux États-Unis.

indic du nom de Dominique Sopoglian. Deux individus de sac et de corde, qui mènent la grande vie. Car non contentes de bénéficier d'importantes remises de peine pour services rendus, les balances sont aussi, trop souvent, rétribuées par la justice. Comment ? Grâce aux produits des saisies de came effectuées sur leurs dénonciations.

Idéal pour tailler sa place parmi le gotha parisien.

Ainsi, Sopoglian – dont on apprendra, au cours de l'audience devant le tribunal correctionnel, à laquelle il ne sera même pas présent, qu'il fut à la fois l'informateur principal de la BRB et celui de l'OCRTIS – était connu, dans le Milieu, pour ses liens très étroits avec une actrice française de premier plan à l'époque. Il partageait, aux côtés de la dame, un hôtel particulier dans le XVIe arrondissement, et se targuait en public d'avoir le train de vie d'un ministre. Voilà un métier d'avenir !

À la demande de l'OCRTIS, ce triste personnage convaincra Plégat, rangé des bagnoles et désormais rétif à toute imprudence intempestive, de l'accompagner au Brésil. Objectif: négocier une importation de coke vers la France. L'intéressé s'y rendra. À reculons, je pense. Sopoglian se fera pressant. Il se déclarera prêt à investir une partie conséquente de la somme nécessaire. Ne restera, ainsi, à celui dont il aimerait faire son associé dans l'affaire qu'à compléter la mise.

Le piège parfait ? Non, puisqu'il échouera. *Quid* alors de la transaction ? Là, les avis divergent. Plégat a-t-il ou non succombé à la tentation du fruit défendu, puis replongé dans le business ? Rien n'est moins sûr. Car, à défaut d'avoir glané des preuves matérielles pour le confondre, au terme d'une enquête préliminaire peu convaincante, le juge d'instruction et ses supplétifs s'acharneront de plus belle.

Conséquence logique, Plégat sera condamné. À une très lourde peine. Tout juste minorée de deux ans par la cour d'appel. Sur la base de quels éléments ? Mystère.

Une offre « impossible à refuser »

Écoutes, planques, filatures... Tous ces outils au service des enquêteurs sont demeurés sans succès jusque-là. Ceux-ci choisissent donc de le tester en lui envoyant, presque en recommandé, deux mystérieux émissaires sud-américains. Mission de ces supposés trafiquants ? Lui mettre un alléchant marché en main. Pas moins de 20 kilos de cocaïne. À 100 000 francs de l'époque l'unité. Une fortune ! La marchandise, déjà en lieu sûr, est disponible à tout moment, lui affirment-ils. Briefés qu'ils sont, au préalable, par les poulets de l'OCRTIS.

Plégat, ancien braqueur reconverti, hésite. Il a certes toujours de l'attirance pour les grands bandits, dont il côtoie encore certains spécimens, y compris dans son établissement, mais aussi une sainte trouille : celle de retourner en cabane. On l'aurait à moins.

Or, non seulement cézigue a bel et bien décroché, mais il ne possède pas, explique-t-il à ses interlocuteurs, les fonds suffisants pour acheter la came. À cette heure du moins. En outre, leur confie-t-il, lui, truand à l'ancienne, ne se sent pas la vocation d'un trafiquant de drogue.

Affaire classée ? Que nenni ! Les latinos ne lâchent rien. Voilà qu'ils lui proposent maintenant un autre deal. Plus confortable encore : le principe du dépôt-vente. À charge pour lui d'écouler la marchandise tranquillement, à son rythme, tandis qu'eux regagneront pendant ce temps le continent sud-américain. Pépère, la combine !

Plégat vacille. Mais pas pour les raisons souhaitées. Ces gus, qu'il n'a jamais rencontrés jusqu'à présent, et avec lesquels il n'a pas eu la moindre occasion de faire affaire, se montrent bigrement arrangeants avec lui. Tant de bienveillance vis-à-vis d'un inconnu, cela lui paraît louche. Rien à voir avec les règles en vigueur dans le Milieu. Pire, ils le relancent. Encore et encore ! Comme enragés, les gaillards !

Y compris, désormais, dans son restaurant, où ils ont leur rond de serviette.

Plégat en a marre. La dernière fois qu'ils sont venus lui casser les pieds, des flics de la BRB, dont les Muses sont devenues l'une des cantines, étaient installés à une table. Ils déjeunaient et blaguaient tranquillement. Parmi eux se trouvait Philippe Féval. L'un des as de la brigade. Un bon pote, avec lequel le taulier auvergnat s'est lié d'une solide sympathie réciproque. Pas rancunier, le Roland ! Car Féval n'est autre que le poulaga qui, autrefois, l'a arrêté. Après une vilaine affaire de hold-up qui avait mal tourné. Et pour laquelle Plégat a passé sept années à l'ombre.

Mais loin de moi l'idée de me moquer. Car je pourrais en dire autant. Féval, pour le père Yunice, est aussi devenu une sorte de copain. Plutôt un compagnon d'infortune, désormais. Même si les circonstances, avouons-le, ont un peu aidé.

Ainsi vont parfois les relations, pas toujours si rationnelles, entre grands flics et vieux truands. Et pas forcément repentis, avec ça !

Une filature digne d'une scène de French Connection

Roland Plégat est à bout. Il ne sait plus que faire pour se débarrasser de ses encombrants émissaires. Alors il craque. Puis s'en ouvre, entre quat' z'yeux, à Féval. Celui-ci n'est pas homme à se dérober. Il consulte ses fiches et ses archives. Et enfin trouve. On n'est pas numéro deux de la prestigieuse BRB pour rien. Franco et Carlos – les prénoms d'emprunt sous lesquels ils sont connus des enquêteurs – sont bien des trafiquants de coke internationaux. De haut vol. Leurs pedigrees respectifs en font foi.

— On va les serrer, affirme-t-il, rassurant, au restaurateur auvergnat.

Alléché par ce qu'il sent être une affaire tordue, Féval fonce. Il organise donc une filature du tandem, en bonne et due forme. Avec séance photo en prime. Plusieurs séquences se succèdent. Un jour, poussé par son professionnalisme autant que par son esprit aventureux, le petit-neveu de l'écrivain Paul Féval[1] mène, lui-même, une filoche. Il prend en chasse, au départ des Muses, le dénommé Carlos. Et ne le perd plus de vue.

Là, le polar devient haletant. Métro, autobus, taxi, voiture de location, marche à pied... le supposé trafiquant brésilien met en branle toute la panoplie pour une rupture de filature. En vain. Féval ne lâche pas sa proie. Au bout du compte, la traque le mène au dix-septième étage de l'hôtel Concorde-La Fayette, qui domine la porte Maillot et le boulevard périphérique. Le flic y note le numéro de la chambre dans laquelle s'est engouffré le quidam, puis redescend à la réception. Déjà pas mécontent de sa journée.

En sa qualité de responsable adjoint de la BRB, Féval brandit sa carte de policier. Il demande alors l'identité des deux occupants de la chambre à l'un des responsables de la sécurité de l'hôtel, qu'il a repéré en arrivant. Celui-ci ne se démonte pas. Il lui répond benoîtement :

— Vos confrères de l'OCRTIS louent cet appartement. À l'année. Les deux personnes y sont logées gratuitement.

Philippe Féval s'assied. Abasourdi. Direction la brigade ! Avec armes et bagages. Le grand flic a vite flairé la vilaine manip' qu'il vient de mettre au jour. Derrière elle ? L'OCRTIS, sans l'ombre d'un doute. Il s'empresse alors de retirer ses billes. Puis laisse tomber l'affaire. Celle-ci sent vraiment trop mauvais. Prudent, il s'astreint au préalable à

1. Tout au long de la seconde moitié du XIXe siècle, les romans de Paul Féval (1816-1887) connaissent le succès, notamment ses trois œuvres majeures : *Le Bossu*, *Lagardère* et *Les Habits noirs*, qui seront adaptées à l'écran au XXe siècle.

rédiger le procès-verbal réglementaire relatant sa pêche miraculeuse du jour. Sans commentaire aucun. Dans le plus pur style administratif de l'institution qu'il sert depuis de longues années. Et le transmet à sa hiérarchie[1].

Ce souci du détail, doublé de son professionnalisme habituel, auraient pu – et dû – le sauver. Mais il est trop tard. Le grand flic, qui fait tant jaser les médias de l'époque par ses méthodes hors norme, souvent « limites », parce que toujours immergées au plus près du terrain avec les dangers que cela implique, a mis le doigt dans un engrenage. Fatal. Une imprudence, inhabituelle chez lui, fera le reste.

Comme d'autres (dont votre humble serviteur), et de manière plus spectaculaire encore, Féval se trouve alors happé par la machine infernale qui roule maintenant à pleine vitesse vers l'abîme. Celle-ci va ruiner sa carrière. Car plus personne ne peut, ni ne veut sans doute, en arrêter la course folle.

Le piège s'est refermé sur lui. Impitoyable.

Quelques jours après, un peu plus anxieux qu'à l'accoutumée, Féval croise de nouveau Plégat aux Muses, où il vient se restaurer avec ses collègues. Inquiet, le natif de l'Aveyron – tout comme Ayral, son « pays », qui n'a pourtant pas hésité à le balancer, puis à l'agonir d'accusations mensongères – le questionne. *Quid* de ses investigations autour du tandem de latinos ?

— Laisse tomber tout ça. Je ne donne aucune suite à cette histoire. Elle pue ! se borne à lui répondre son flic favori.

Fin de partie ? Hélas non !

La petite phrase qui tue… surtout sortie de son contexte

Ce beau monde l'ignore, mais tous les protagonistes du dossier, diligenté par le magistrat instructeur, se trouvent à

1. Voir le document, exclusif, divulgué en annexe 3, p. 239-241.

cette heure sous écoutes téléphoniques. Or, une conversation jugée troublante est déjà consignée dans les archives des limiers de l'OCRTIS. Plégat et Féval y échangent à propos de l'affaire qui turlupine tant le restaurateur. Au détour d'une question de son interlocuteur, le policier dérape. À l'instar de nombre de ses confrères, en privé, il adopte une expression, certes très imagée, tout droit sortie du langage du Milieu.

— Il faut les fumer, ces mecs ! répond-il.

D'un ton péremptoire, qui plus est.

Cette phrase, dans son contexte, se veut surtout une manifestation d'agacement contre l'obstination des deux trafiquants. Elle va peser très lourd aux yeux de ses juges. Féval, le malheureux, va la payer fort cher. Au prix de dix-sept mois de privation de sa liberté. Et de son honneur. Qu'il recouvrera, pour celui-ci, Dieu merci assez vite.

Reste que la manip' tourne maintenant au fiasco. Et à la foire d'empoigne, de surcroît, tant il s'avère que la BRB, avec ses gros sabots, a ainsi mis au jour les sombres magouilles de l'OCRTIS.

Bref, la redoutée guerre des polices menace. Plus que jamais. Pour faire bonne mesure, voilà que la presse s'en mêle. Les magistrats en charge du dossier se plaignent, dans les colonnes des journaux, de fuites répétées. En *off*, certains sont pourtant les premiers à rouler des biceps, affirmant que tous les acteurs supposés de l'affaire des Muses ne sont rien d'autre que des trafiquants de came. Et qu'ils les coffreront. Dès que possible.

Cet acharnement judiciaire, toujours plus évident, se traduit, curieusement, par des quantités croissantes de cannabis en transit entre le Maroc et l'Europe. *Via* les services douaniers nationaux. Lesquels, dans certains cas, saisissent – avec force caméras en renfort. Dans d'autres, au contraire, ils ferment les yeux. Objectif : permettre à leurs soi-disant trafiquants de financer l'opération cocaïne, tant souhaitée par le magistrat instructeur.

Des rumeurs en ce sens se mettent à circuler. Y compris dans les sphères policières. Elles seront d'ailleurs alimentées par un autre fait troublant : les gabelous ne jugeront pas utile de se porter partie civile le jour du procès. Une décision contraire aux usages en vigueur dans ce genre de dossier.

Ainsi, tout incline à penser que la supposée commande, qui ne se concrétisera jamais, de l'improbable tandem Plégat-Sopoglian au Brésil, quelques semaines plus tôt, entre dans cette dernière – et peu glorieuse – catégorie.

Le but, inavouable bien sûr, demeure le même : faire tomber des dealers. Mais à quel prix ? Et, surtout, trop souvent, pour quel résultat ?

Un étrange phénomène. Qui finit par attirer l'attention de journalistes un peu plus aventureux sans doute que la moyenne. En septembre 1996, deux mois jour pour jour après le jugement de première instance, au procès de la filière des Muses, Patricia Tourancheau, avec un certain courage il faut l'avouer, donne le *la*. Elle signe une interview, au vitriol, de Dominique Sopoglian. La vanité de ce triste personnage, qui n'a d'égale que son sentiment – justifié, on le verra – d'impunité, le pousse à répondre à la sollicitation du quotidien *Libération*. Il s'y fera copieusement dézinguer. Le titre de l'article, « Parasite de haut vol[1] », annonce la couleur.

Qu'importe ! Autant en emporte le vent pour cette âme damnée de l'OCRTIS qui, quelques mois plus tard, coulera des jours paisibles, sous des cieux hospitaliers, en dépit d'une condamnation – de pure forme – à huit années de détention.

1. Dans cet article (4 septembre 1996), la journaliste signataire écrit notamment : « Après six mois passés à la prison de la Santé, Sopoglian conclut un marché avec le juge R. Le détenu livre un témoignage à charge contre le commissaire Féval, en échange de sa remise en liberté. »

Dans ce papier, assez surréaliste, Sopoglian n'hésite pas à se définir, je cite, comme « une rose sur un tas de fumier ». Textuel ! Il fallait oser. Mais peut-être sa langue a-t-elle fourché. Alors qu'il voulait plutôt dire « un fumier sur un tas de billets ». Qui sait ?

Il n'empêche. La pression monte. Elle s'exerce maintenant, de toutes parts, sur les magistrats et leurs supplétifs de l'OCRTIS. Car cette satanée affaire des Muses prend vilaine tournure. Voilà qu'elle alimente désormais les conversations, tant dans les sphères policières ou judiciaires que journalistiques.

Bientôt, elle fera même l'objet d'un livre, cosigné par deux plumitifs du moment. Ceux-ci consacreront la totalité de l'ouvrage à scanner des faits, connus ou inconnus, extraits de cet épineux dossier[1]. Les auteurs y pointent les « liaisons dangereuses » – pour le moins – entre certains policiers et des trafiquants de renom qui, appât du gain aidant, n'hésitent pas à se muer en balances. Une manière de faire ainsi d'une pierre deux coups en éliminant aussi des concurrents. Puis ils s'interrogent sur l'indigence des résultats obtenus. Eu égard aux moyens déployés, s'entend. Enfin, nos compères finissent par s'ériger en défenseurs de Philippe Féval, le grand flic déchu pour les besoins de la cause judiciaire. Une victime tout à la fois de l'acharnement des magistrats du parquet, suspect à leurs yeux, et de l'incontournable – et trop commode à mon goût – « guerre des polices ». Laquelle a bon dos.

Mieux que rien. Même si ce long état des lieux, qui s'achève en plaidoyer, laisse selon moi un désagréable parfum d'inachevé dans les narines[2].

1. Laurent Chabrun et Franck Hériot, *Cocaïne*, Le Cherche Midi, coll. « Documents », 1998.

2. S'il reconnaît que ce livre, « plutôt bien documenté, a le mérite d'exister », et que « l'innocence de Philippe Féval et celle de son adjoint y relèvent de l'évidence », Yunice Abbas émet de sérieuses réserves

Quant à la « transaction fantôme », montée de toutes pièces au Brésil et sans l'ombre d'un effet concret, autour du duo Plégat-Sopoglian, elle s'achèvera en tartufferie absolue. L'argent alloué, *via* l'OCRTIS, afin de corrompre puis de perdre le restaurateur parisien, finira dilapidé dans la production d'un nanar porno, censé contribuer à la gloire de l'escroc donneur Sopoglian. Grotesque ! Pour ne pas dire obscène, quand on se souvient qu'il s'agit là de fonds publics.

Toujours plus agacé par l'évolution des choses, le magistrat instructeur craque. Il ordonne l'arrestation de tous les protagonistes de l'affaire. Soit vingt-neuf prévenus en tout. Nous sommes au mois de juin 1993. Huit d'entre eux seulement se retrouveront devant la cour d'appel, un peu moins de quatre ans plus tard, le 3 mars 1997. Parmi les bizarreries, qui font tout de même jaser, l'absence remarquée de Sopoglian ainsi que celles de Carlos et Franco, les deux passeurs sud-américains, lors de l'audience de première instance, au début de l'été 1996. Tout ce beau monde, paraît-il, est déclaré « en fuite ». Dommage.

Dans sa soudaine frénésie purificatrice, le juge incarcère à tour de bras. Le vaste coup de filet s'abat, puis se resserre, autour d'un nombre grandissant de complices ou de suspects. Version officielle : il s'agit de « porter un coup de pied dans la fourmilière ». Que l'OCRTIS a, elle-même et sans l'aide de personne, installée.

Je fais partie du lot. Bien que mon seul lien avec ce ténébreux dossier porte un nom : Ayral. De preuves ou d'éléments

---

quant à son contenu. « Parce que, observe-t-il, on y enfonce surtout beaucoup de portes ouvertes, on s'appesantit sur un certain nombre de lieux communs, maintes fois ressassés, y compris à l'écran, avant d'aboutir à des conclusions, de courtes vues, qui passent largement à côté de l'essentiel. » Et d'ajouter : « Les auteurs semblent prendre un malin plaisir, chaque fois que la vérité, aveuglante, les éblouit, à lui tourner le dos. Comme s'ils étaient pressés d'en faire abstraction. Puis de passer à autre chose. »

matériels à charge de nature à justifier ma présence derrière les barreaux ? Point. Rien d'autre que des dénonciations, approximatives et accablantes autant que mensongères, émanant de deux repris de justice. Dont l'un, Pâques, a été prestement libéré dans la nature. Dès juin 1992. Soit quatre mois à peine après sa chute, consécutive à la découverte de son laboratoire clandestin.

Au vu de la lourdeur des condamnations qui, bientôt, vont pleuvoir sur les prévenus restés entre les mains de la justice, ce scénario, comme beaucoup d'autres, a quelque chose d'hallucinant. Même si ledit Pâques, sur commission rogatoire du juge, sera de nouveau auditionné quelques semaines plus tard.

Mais rien, décidément, n'affiche une simple apparence de rationalité dans la manière dont est diligenté ce dossier. Et cela va durer. Longtemps.

Lorsque retentira la sonnerie annonçant l'arrivée de la cour, pour l'ouverture du procès de première instance, le 4 juillet de l'an de grâce 1996, devant le tribunal correctionnel de Paris, j'aurais déjà purgé trente mois de détention préventive à la prison de Villepinte.

Bagatelle, les amis ! Ce n'était que le hors-d'œuvre.

15

Un grand flic sacrifié sur l'autel de la justice

Le procès-verbal rédigé, puis transmis à sa hiérarchie, par Philippe Féval a provoqué les dégâts que l'on imagine dans la trop belle mécanique édifiée par le magistrat instructeur. Les incursions, brèves autant que dommageables, de la BRB sur les plates-bandes de l'OCRTIS ont fait le reste. Ces derniers rebondissements perturbent l'enquête en cours. Comment ? Parce qu'ils convergent vers le même constat : la complicité, à tout le moins logistique, de l'Office dans la tentative – avortée – de corruption d'un restaurateur parisien. Lequel se trouve soi-disant impliqué dans un trafic de stupéfiants. Ce qu'il convient encore de démontrer.

Il y a le feu à la boutique. Pourtant, certains des éléments clés du dossier n'ont pas filtré, jusque-là. Les médias, dans leur majorité, n'en ont pas eu connaissance, ou bien font mine de les ignorer. Ce qui revient au même. Il n'empêche, la mise en examen de Philippe Féval cristallise l'attention et tend toujours davantage à alimenter le débat. Le sort du grand flic, numéro deux et fierté de la BRB, passé en quelques semaines, dans les colonnes des journaux, du statut de vedette à celui de paria intrigue. Le voilà maintenant sacrifié sur l'autel d'une institution judiciaire forcément infaillible.

Car dans le scénario bâti, pièce par pièce, par le magistrat instructeur et ses sbires, Féval n'est plus seulement coupable d'avoir contrecarré leurs plans. Il est bel et bien devenu trafiquant de drogue à part entière. Un rouage important de cette fameuse filière, mise au jour en février 1992, qui doit maintenant rendre gorge. À n'importe quel prix. Délirant !

Alors l'OCRTIS se fait violence. Il sort de sa coquille puis prend la pose. Devant stylos, micros et caméras. Donne des interviews à droite, reçoit des satisfecit de sa hiérarchie – le ministère de l'Intérieur – à gauche. La télévision emboîte le pas. Des chiffres, loufoques, se succèdent à l'issue de « retentissantes saisies ». Lesquelles sont complaisamment mises en scène, dans la plupart des cas.

Dans l'affaire des Muses, la montagne, au bout du compte, accouche d'une souris : 300 kilos de cannabis, sortis d'on ne sait où, et 1,25 gramme de cocaïne. Au terme d'une année d'enquête et d'un grand tralala. Dix-sept remises en liberté provisoire, sur les vingt-neuf interpellations effectuées après trois ans d'instruction. Tout ça pour ça !

Quand se profile le procès, devant la 16e chambre du tribunal de grande instance de Paris, le bilan du juge apparaît pour ce qu'il est : maigre. Pire : Sopoglian, dont il n'a pu éviter la brève incarcération – six mois à l'ombre – durant l'instruction, a disparu. Franco et Carlos, les deux trafiquants sud-américains, eux aussi, se sont volatilisés dans la stratosphère.

Depuis sa libération de fait, la « rose sur un tas de fumier » a eu l'occasion de plastronner. À la demande du magistrat, il a livré un témoignage, bidon de A à Z, sur Féval, Pentz, son adjoint, et Plégat. Comme de bien entendu, il les y accable. Sitôt sa sinistre besogne achevée, pas si rassuré que ça, il montera un attentat, tout aussi fantasmagorique, contre sa propre personne, avec la complicité de l'OCRTIS, afin de se faire porter pâle pendant toute la durée des audiences. Pas fou !

Le ministère public a, certes, besoin de ses accusations. Mais surtout pas de sa disparition. Définitive, s'entend. Car à force de balancer à tour de bras ses pairs, les escrocs, ainsi que des innocents, Sopoglian s'est fait beaucoup d'ennemis. Alors il part. Loin. Sous des cieux enchanteurs. Le parquet, compréhensif, n'a même pas jugé utile d'interjeter appel de la décision du magistrat instructeur. À croire qu'il a d'autres priorités. Le procureur, quand s'achèvera le procès, n'aura rien démontré. Ou si peu. Ce ne sera pas faute d'avoir requis, au total, cent quatre-vingt-dix-sept années d'emprisonnement à l'encontre des prévenus. Dont huit, seulement, pour le dévoué Sopoglian. Lequel bronze déjà sur quelque plage tropicale.

Plégat, lui, ne saurait en dire autant. Il écope de vingt années de cabane, voit son restaurant saisi et sa vie d'ancien malfrat repenti, péniblement reconstruite, brisée. À tout jamais.

Parmi les rangs des chroniqueurs et du public, le malaise est palpable. Pourquoi tant d'acharnement, de haine et de sévérité d'un côté ? De mansuétude, d'empressement et de laxisme de l'autre ?

Deux constats s'imposent au regard de ces observateurs neutres – il en reste – d'un procès si édifiant. La « loi des repentis », ô combien controversée, a des conséquences dévastatrices ! Quant à la justice française, de l'avis général, elle ne sort pas grandie de cette tumultueuse affaire des Muses.

Mais le magistrat instructeur, ainsi que les limiers de l'OCRTIS, s'en remettront. Et plutôt bien.

L'instruction, justement, parlons-en. Avec le recul, je m'interroge toujours. Pour quelles raisons le système judiciaire a-t-il pu s'emballer ainsi ? Comment a-t-il pu laisser un magistrat, à la fois juge et partie, diligenter un dossier si complexe de manière aussi partiale ? Une vérité, fabriquée de toutes pièces, a fini par émerger. Aux forceps. Il fallait bien cela pour sauver un haut serviteur de l'État « égaré ».

Pour ma part, j'y vois surtout un bel exemple de corporatisme – il y en a eu tant d'autres ! – au sein d'une profession qui n'en manque pas.

Au terme de trente mois d'instruction, un délai plutôt long en correctionnelle, se tient le procès au cours duquel je vais, moi aussi, comparaître. Pas trop tôt ! Surtout pour quelqu'un qui a passé tout ce temps au trou. Mon avocat a eu toutes les peines du monde à accéder au dossier, afin de préparer ma défense. Pourquoi ? Parce que la présidente du tribunal a souhaité le consulter chez elle. Au mépris des plus élémentaires règles de procédure. Mais il paraît que tel est l'usage. Bref, le cirque continue. Et pour un bon moment encore.

Au bout du compte, nous finissons par l'obtenir. L'un de mes conseils, après une longue immersion dans ces feuillets, m'annonce un jour, tout excité :

— Ça y est ! J'ai trouvé ce qui cloche. Qui donc, hormis le juge, pouvait permettre à Ayral de se rétracter complètement dans ses dépositions ? Puis de bâtir une seconde version, adaptée à la chaîne des récents événements, quitte à vous charger encore davantage ? Enfin, de verser celle-ci, sans sourciller le moins du monde, au dossier, ainsi que j'ai pu le constater ?

J'étais déjà plutôt convaincu de la chose, mais j'évite de le vexer. Du coup, gonflé par cette – petite – révélation, je n'hésite pas, lors d'une audition chez le juge, à me plaindre, avec tact, de la manière dont il instruit mon dossier.

Un mince sourire aux lèvres, mon éminent interlocuteur me répond alors :

— Monsieur Abbas, je mène l'enquête comme je l'entends. Au sens le plus large du terme, si vous voyez ce que je veux dire.

Circulez !

À force d'insister, j'obtiens tout de même une confrontation avec Ayral, mon principal accusateur, qui se présentait naguère encore comme mon ami. Dans le bureau du juge d'instruction, nous voilà face à face. Après tout ce temps. Chacun flanqué de policiers qui nous marquent au caleçon. Sitôt l'entretien contradictoire lancé, je me retrouve bloqué dans un recoin de la pièce, entre deux cerbères m'encadrant étroitement. Ayral, lui, se balade d'un mur à l'autre. À plusieurs reprises, il va jusqu'à tailler le bout de gras, limite en s'esclaffant, avec la greffière. Ce petit manège me hérisse les nerfs. Je tente de le piéger, avec des questions gênantes, afin de mettre en lumière ses innombrables contradictions. À chaque fois, le magistrat s'y oppose sans la moindre vergogne. Puis repart sur un autre aspect du dossier. La moutarde me monte au nez. Mais dès que je m'emporte ou m'agite un peu, je suis rassis sur ma chaise. Sans ménagement. Ayral se gausse sous l'œil bienveillant du juge.

L'entretien s'achève. Je n'ai rien obtenu. Encore un coup d'épée dans l'eau. Pas une ligne n'a bougé. Aucun élément à charge contre moi n'émerge de l'enquête de police. Je n'y apparais jamais. Tout cet édifice branlant, édifié autour d'un trafic qui n'a jamais été matérialisé, repose sur des allégations. Que contredisent mes propres déclarations.

Statu quo total.

À l'aune de ces faits, je comprends mieux pourquoi les flics de l'OCRTIS ne sont venus m'interpeller chez moi qu'un bon mois après les autres. Juste sur la foi de ces élucubrations. Au détour d'un paragraphe du dossier, mon avocat a pu lire cette recommandation d'Ayral à ses passeurs : « Si vous tombez, dites que votre patron c'est Yunice. »

Vous reprendrez bien six ans de plus ?

Tellement énorme ! Et pourtant, tout ce beau monde semble convaincu. Au lieu de conclure à l'absence totale de preuves concernant ma participation à cette vilaine affaire, l'heure est maintenant à phosphorer sur mon maintien en détention. Nous en avons pris l'habitude puisque, depuis mon incarcération, je comparais tous les quatre mois devant le juge afin de la proroger, ou non.

Sale temps cette fois encore ! Le combat s'annonce homérique, mais j'ai bien peur qu'il soit perdu d'avance. Le débat contradictoire fait rage. Toujours plus vif au fil des semaines qui passent. Le parquet réclame à cor et à cri une mise en détention. Ignorant à l'évidence que j'ai déjà purgé ma préventive. Ce à quoi mon avocat, rouge de colère, ne peut que rétorquer :

— Cela n'a aucun sens. M. Abbas est incarcéré, déjà, depuis presque trente mois. Sans l'ombre d'un élément matériel à charge contre lui.

La seule hypothèse plausible se confirme : madame le substitut du procureur n'a jamais trouvé le temps d'ouvrir le dossier. Ou bien agit sur ordre, ce qui serait pire encore. Dans sa plaidoirie, aussi passionnée que désespérée, mon « baveux » ne se prive pas de pointer du doigt les nombreux trous béants du dossier.

Ambiance...

Puis le juge rend son verdict. Ses yeux dans les miens, presque ironique.

— Votre avocat m'a convaincu. À soixante pour cent seulement, me glisse-t-il. J'ordonne donc le renouvellement de la détention.

Surprise : le procès-verbal, matérialisant cette décision, a déjà été rédigé par un greffier. Il est posé sur le bureau du magistrat. Ne reste plus qu'à le signer. Curieuse procédure, une fois encore, que de consigner un jugement avant même d'avoir procédé aux auditions préalables. Mais il eût fallu que mon avocat s'en émeuve, puis se saisisse de cet évident vice de forme dans le nécessaire débat contradictoire. Ce ne fut, hélas, pas le cas.

Satisfait de son effet, le juge en profite pour me rappeler qu'une nouvelle audition sera bientôt organisée. Il m'y entendra à propos de l'homicide volontaire pour lequel Ayral m'a mis en cause.

Une première, dont je me serais volontiers passé. Pendant deux ans, il n'hésitera pas à me mettre la pression avec cette histoire de cornecul totalement imaginaire.

Aujourd'hui, le doute n'est plus permis, selon moi. Avec mon casier judiciaire, mon CV de truand et mes antécédents, j'avais le profil idéal pour incarner le parfait bouc émissaire dans l'affaire des Muses. Coupable ou pas, ce n'était vraiment pas le problème, pour les magistrats. Pourquoi celle-ci, bourrée de vices de forme et de procédure, a-t-elle fini par faire « pschitt » ? La réponse me semble aveuglante : la haute magistrature a acquis très tôt la conviction que ce dossier était pourri. Et qu'il était nécessaire de le vicier, davantage encore, en dressant devant lui un écran de fumée.

Ultime élément de preuve à l'appui de ma conviction : au moment de sa mutation, intervenue depuis, le juge, appelé à de très hautes fonctions au sein de l'institution judiciaire, est parti avec le dossier sous le bras. En s'essuyant les semelles sur les règles et usages, ainsi que sur les ordres transmis par sa hiérarchie. Malgré la prescription, plus de vingt années après les faits, pas question pour lui d'en laisser traces à ses successeurs. La chancellerie, quant à elle, a fermé les yeux.

Voilà comment cette ténébreuse histoire, qui a failli emporter un prestigieux flic de la BRB, défrayé la chronique, judiciaire et médiatique, de longs mois durant, puis inspiré un livre – certes assez angélique – a fini par tomber dans l'oubli. Au grand soulagement, sans doute, de ce haut magistrat. N'a-t-il pas, depuis, gravi tous les échelons possibles d'une fort brillante carrière ? Comme tant d'autres parmi ses pairs. L'esprit tranquille.

*

Nous sommes côte à côte dans le box des accusés. Pas banal de se retrouver assis, sur ce banc de bois marqué du sceau de l'infamie, avec le flic qui vous a arrêté, puis envoyé au ballon une décennie plus tôt. Pour une foireuse histoire de vol avec recel.

Quand je lui raconte l'épilogue de cette affaire, à l'issue de laquelle j'en ai pris pour neuf ans, Philippe Féval manque tomber de son siège puis s'écrie :

— Incroyable !

Pourtant, nous ne sommes pas au bout de nos surprises.

Les verdicts tombent et les peines s'abattent. Comme à Gravelotte. Vingt années de détention pour Plégat, quatre pour Féval, trois pour son adjoint et... douze pour moi. Parmi les prévenus, huit d'entre eux, assommés par la sévérité de la cour, iront en appel, devant le tribunal correctionnel, quelques semaines plus tard. Je fais partie du lot[1].

Dans son réquisitoire, surréaliste, l'avocat général, qui ne fait que me couper la parole lors de ce second procès, n'hésite pas à souligner :

— M. Abbas se trouve en situation de récidive légale. Cela doit être retenu contre lui. Dès lors, sa peine de douze années de détention, inférieure aux vingt ans prévus par le Code de procédure pénale, apparaît très mesurée. D'autant que le chef d'association de malfaiteurs constitue une circonstance aggravante. Les faits extrêmement graves qui lui sont reprochés auraient pu justifier, par un effet de cumul prévu par la loi, près de soixante années de détention. De quoi se plaint-il donc ?

Des arguments peu convaincants. Surtout lorsque l'on se souvient qu'aucune peine prononcée par un tribunal

---

1. Dans son jugement, rendu le 3 mars 1997, la cour d'appel de Paris confirme le verdict prononcé lors de la première instance. Elle condamne Yunice Abbas à une peine de douze années de détention, assortie d'une amende délictuelle d'un million de francs.

correctionnel ne peut excéder vingt années d'emprisonnement en France.

La durée effective de ma peine sera de huit années de détention. Ainsi, à l'issue des trente mois passés à Villepinte, j'en purgerai autant à Saint-Martin-de-Ré, sur l'île du même nom, puis trois ans à la Santé. Mon tour de France des prisons se poursuit.

Un grand flic condamné, humilié, incarcéré, menacé, mais enfin libéré

Le commissaire Féval, fidèle à sa légende, se montrera digne jusqu'au terme de son chemin de croix. En grand flic qu'il demeure.

La vérité oblige à le souligner : il disposait pourtant des moyens juridiques nécessaires pour briser la procédure inique qui le frappait. Ne serait-ce que grâce aux éléments recueillis dans le cadre de ses propres investigations. À la lumière de ceux-ci, il aurait pu mettre en lumière les innombrables vices de procédure émaillant le dossier. Puis, partant, faire annuler les conclusions de l'instruction. Il préféra s'en abstenir. Sans doute, afin de préserver l'intégrité de son corps d'origine : la police française. Ensuite, parce qu'il est resté convaincu que le trafic de stupéfiants incriminé résultait bel et bien d'une association de malfaiteurs. Et non d'une machination montée de toutes pièces. Sur ce dernier point, nos analyses divergent. Mais je n'en reste pas moins admiratif devant la hauteur d'âme du bonhomme.

Ne souhaitant pas entraver la marche de la justice, Féval sera condamné, puis incarcéré, pendant dix-sept mois, avant d'être un temps radié des effectifs de la BRB. Il sera libéré quelques heures avant Noël 1997. Un beau cadeau, fort mérité, pour lui et les siens.

Mais cette affaire des Muses sonnera le glas de sa carrière. Pire, le grand flic verra sa retraite lui être purement et simplement sucrée. Un comble ! Au terme d'une longue et incertaine enquête interne, il recouvrera – enfin – l'intégralité de ses droits et de son honneur.

Non sans avoir été menacé, en prison, par des gens qu'il avait lui-même arrêtés et fait coffrer. Des voyous que l'institution judiciaire l'a ainsi contraint à côtoyer, dans des conditions où sa sécurité n'était pas assurée. J'y vois, là encore, matière à interrogation.

Si la vie et ses hasards ont fait de nous, *de facto*, des adversaires, mon estime et mon respect à son égard, pour toutes ces raisons, demeurent intacts.

À la faveur de ce livre, je voudrais avoir une pensée pour ce policier intègre, injustement sali et qui, par sa force de caractère et sa probité, a su amener ses collègues à reconnaître l'évidence : son innocence.

Je n'en dirais pas autant de ceux qui ont eu à diligenter, et à juger, la bien sombre affaire des Muses. On cherche vainement où se situe la justice dans cette galerie d'ambitions personnelles et de manipulations, aussi vénéneuses que perverses. Au terme des audiences, quatre condamnations au minimum n'auront jamais été étayées par les faits. Autant d'existences auraient pu en ressortir brisées. Pour toujours.

16

Trois ans à la Santé parmi les VIP

« Dans l'île de Ré, ma belle adorée, je t'emmènerai[1] », chantait Claude Nougaro. Moi, c'est plutôt la misère que j'emporte sur mes épaules, après le long marathon judiciaire dont je ressors à peine. Éreinté.

Le moral dans les chaussettes, j'atterris à Saint-Martin-de-Ré, célèbre aussi pour son centre pénitentiaire. Je suis censé passer encore près de trois années d'existence ici. Dans ce coin perdu, au fin fond d'une île plutôt dédiée au tourisme qu'à l'incarcération. Le centre pénitentiaire se subdivise en deux bâtiments : la Caserne et la Citadelle, dans laquelle je prends mes nouveaux quartiers.

Loin de l'univers pesant et concentrationnaire de Villepinte, où les trente mois de pure préventive que j'ai dû purger m'ont semblé de plomb, une bonne surprise m'attend. À la mal nommée Citadelle, le régime se révèle fort différent de celui d'une prison. Non seulement les détenus travaillent cinq jours par semaine, mais ils sont salariés. Deux antidotes puissants au mal-être, endémique, des taulards nous sont ainsi prodigués. Nous sommes dissociés, tout à la fois, du

1. *Nougaro 77*, Disques Barclay, 1977.

besoin et de son corollaire, la dépendance. Mais aussi – et surtout – de l'ennui.

Le rêve, ou presque. Car il nous manque toujours l'essentiel : la liberté.

Au bout de six mois, grâce à mes talents manuels, je me retrouve responsable de l'atelier de couture du centre. On y confectionne les chemises des surveillants, mais aussi du matériel sportif : surtout des filets de buts. À quelques mètres de nous, sur ce site, historique et classé, travaillent des tailleurs de pierre, aux talents affirmés. Souvent, je viens les observer à la tâche. Des artisans, passionnés et minutieux à l'extrême. Voués jusqu'à l'abnégation à leur métier.

Mais par un beau matin la chance, une fois encore, décide de se faire la malle. Fin 1999, la fameuse tempête du siècle déferle sur le pays. Elle s'acharne particulièrement sur sa façade atlantique. L'île de Ré, comme prévu par les météorologistes, en prend alors pour son grade. En ce mois de décembre pas comme les autres, je vois un jour, de mes yeux, le mur de ronde ceignant l'enceinte extérieure de la Citadelle s'effondrer sous les assauts furieux du vent. Une scène inoubliable.

Aussi incrédules que tétanisés, nous restons tous les bras ballants. Comme des ronds de flan. Conscients pourtant que, de nos cellules, nous n'aurions plus alors que quelques pas à faire pour atteindre la plage. Libres comme l'air. Au lieu de cela, nous voyons débarquer la maréchaussée. Dans la précipitation la plus totale, elle s'empresse de poser des guérites provisoires, ainsi que des barbelés, en attendant les travaux de réfection. Ceux-ci dureront sept à huit mois.

Pendant le laps de temps nécessaire à la reconstruction du mur d'enceinte, nos loisirs, ainsi que la pratique sportive, si utiles à notre fragile équilibre, ont été réduits à la portion congrue. Manque de bol.

Du coup, je quitte l'île de Ré sans aucun regret, au tournant du siècle. Lequel m'aura vu, à quarante-cinq berges révolues, passer déjà quinze années de ma vie au ballon.

Une série encore loin d'être terminée.

Carlos, Tapie, Botton, Crozemarie et quelques autres

La Santé est située en plein cœur de Paris, non loin des Catacombes et de l'Observatoire. Elle accueille un peu le *Who's Who* des détenus français. Je confirme : ça n'a rien d'une légende.

À la fin de la décennie 1990, ce titre enviable était plus justifié que jamais. J'y ai croisé une pléthore de VIP. Certains en rupture de ban. Temporaire. Surtout politique et médiatique. Pour d'autres, en revanche, la vieille prison parisienne a marqué le coup d'arrêt définitif de leur célébrité. Une sorte d'antichambre de l'anonymat. Voire de la mort dans le pire des cas.

À la Santé, j'ai côtoyé Bernard Tapie, égal à lui-même, Pierre Botton, qui débutait là sa croisade contre la prison *made in France*, et Jacques Crozemarie. Je devrais plutôt dire la moitié de Crozemarie, tant l'ancien président de l'ARC[1], alors en pleine disgrâce après ses indélicatesses comptables, avait perdu du poids. J'y ai rencontré aussi Bob Denard, l'ex-parachutiste-baroudeur, à la fois légionnaire et chasseur de primes, mais en fin de parcours. Dédé la Sardine, plus vrai que nature, tout droit sorti de l'affaire Elf. Deux autres acteurs majeurs de ce complexe dossier, qui tint en haleine, de longs mois durant, les grands médias avaient pris eux aussi

1. Association pour la recherche contre le cancer. Mis en examen, puis reconnu coupable de détournements de fonds et de malversations comptables, l'ancien président de l'ARC sera condamné à quatre ans de prison, 2,5 millions de francs d'amende et 200 000 francs de dommages et intérêts. D'abord incarcéré à la prison de la Santé, où il côtoie un certain Paul Touvier, puis à Toulon, il purgera une peine effective de trente-trois mois. Il décède en 2006, à l'âge de quatre-vingt-un ans, après avoir été déchu de la Légion d'honneur.

leurs quartiers à la Santé à cette époque. Il s'agit du fameux Maurice Bidermann, supposé frère de la chanteuse Régine, et surtout de Loïk Le Floch-Prigent, qui fut, quant à lui, PDG de la première compagnie pétrolière tricolore sous l'ère mitterrandienne.

Rien que du beau monde.

Mais la vedette incontestée du temps, déjà l'un des plus anciens détenus de France de ce XXe siècle finissant, portait un nom plus court. Lequel masquait en fait un patronyme à rallonge : Carlos, *alias* Ilich Ramírez Sánchez. Sans doute le terroriste international dont la renommée – avec le mystère qui entourait sa personne – avait fait le plus fantasmer les médias du monde entier. Né au Venezuela, mais de nationalité indéterminée, après ses innombrables périples au Moyen-Orient, où ses accointances syriennes lui ont, paraît-il, permis de devenir citoyen de ce pays, ledit Carlos avait déjà passé l'essentiel des vingt dernières années au trou. Et à l'isolement. Un traitement de faveur eu égard à sa grande dangerosité, dont plusieurs policiers et citoyens français ont fait les frais autrefois. Sa santé mentale s'en ressentait. Le Chacal, ardent défenseur de la cause prolétarienne, quitte à assassiner son prochain à défaut de le convaincre, semblait avoir perdu le sens commun.

Il nourrissait un besoin inextinguible de parler et de communiquer à tout vent. Y compris avec les autres taulards qui, bien souvent, finissaient par fuir ses logorrhées. Au parloir, il m'arrivait de le voir, auprès de sa brune avocate, dans l'une des cabines vitrées où ils passaient tous deux de longs moments d'intimité. Au sens propre du terme, s'entend. En situation, parfois, fort équivoque puisque la dame s'adonnait, pour certaines circonstances, à un mouvement de va-et-vient, de bas en haut, aussi surprenant qu'inattendu. À pareil endroit, du moins.

Nullement gêné par la présence d'autres détenus qui, comme de juste, n'en perdaient pas une miette, le tandem adoptait, dans le meilleur des cas, une position plutôt inhabituelle entre une avocate et son client : monsieur tenant madame assise sur ses genoux, tendrement serrée contre sa bedaine.

Je n'ai donc guère été surpris d'apprendre, quelques mois plus tard, qu'elle était devenue l'épouse légitime du célébrissime Carlos. Pas la première, tant s'en faut. Et je ne jurerais pas que ce bourreau des cœurs maléfique se soit arrêté là depuis. Ce qui apparaît, en revanche, c'est que le bougre reste increvable. Si j'en crois des potes du Milieu, il serait toujours vivant à l'heure actuelle. Et finirait son temps – voire peut-être ses jours – à la prison de Poissy. Parmi les « perpét' ».

À plusieurs reprises, ce petit gros à lunettes a engagé la conversation avec mézigue. J'avoue pourtant que je n'avais pas grand-chose à lui dire. Je ne suis guère attiré par les illuminés. Mais vu que le monologue ne lui posait aucun problème, il semblait y trouver son compte.

Un Nanar bien obligeant

Parmi cette galerie de grandes gueules trônait une autre vedette, Bernard Tapie. Lui m'était déjà, et de longue date, plutôt sympathique. J'appréciais son côté populo et sa propension affichée à côtoyer le gratin, ou à murmurer à l'oreille des puissants, mais sans rien renier de son style d'origine. L'homme d'affaires, au contraire d'autres stars des lieux, parlait volontiers aux prisonniers. De préférence de la fenêtre de sa cellule. Il faut reconnaître qu'il y passait l'essentiel de son temps. Sans doute parce qu'il avait conservé des activités (inconnues de moi) pendant la durée de sa détention.

Bon nombre de gars, avec lesquels il avait taillé le bout de gras, se sont ensuite vantés d'avoir obtenu des faveurs de sa part. Qui une promesse d'embauche ; ou bien un certificat de travail ; certains prétendaient même entretenir avec lui une correspondance. Je ne saurais affirmer la véracité de ces allégations. Mais, étant donné la disponibilité du bonhomme et son évidente accessibilité, cela me paraît tout à fait possible.

Si Tapie faisait figure de jour, Jacques Crozemarie, en revanche, aurait pu incarner la nuit. Le gus rasait littéralement les murs. La première fois que je l'ai croisé, puis reconnu, lui lançant un sonore « bonjour », j'ai vu sursauter ce pauvre hère au teint couleur cendre et d'une maigreur inquiétante. Puis se comprimer la poitrine. S'il avait pu disparaître dans un trou de souris, nul doute qu'il s'y serait précipité. Je n'ai pas souvenir d'avoir jamais observé, au cours de ma longue vie au violon, un détenu affichant une allure et un comportement aussi craintifs. Frappé du sceau de l'infamie aux yeux de l'opinion publique nationale, Crozemarie ne s'attendait visiblement pas à se retrouver un jour entre les murs d'une prison. L'endroit lui foutait, de fait, une trouille panique. D'où sa flagrante et unique obsession : passer inaperçu. Raté !

J'ai tendance à penser qu'à Fleury, ou bien à Fresnes, il serait mort d'un arrêt cardiaque.

Ce qui frappait le plus, chez Dédé la Sardine, c'était sa truculence. Ainsi que son incroyable culot. Un matin, je me suis retrouvé avec lui à l'infirmerie de la Santé. L'homme d'affaires, proche de Christine Deviers-Joncour, héroïne malgré elle de l'affaire Elf, vivait alors le sommet de sa célébrité. Si l'on peut dire. Il portait des chaussures de chez Berlutti. « À 20 000 francs la paire », précisait-il avec fierté, et sans penser à mal. Bref, un frimeur, doublé d'un hâbleur, mais plutôt sympathique. L'histoire ne dit pas si Roland Dumas, ancien ministre embringué lui aussi dans cet interminable feuilleton, avait choisi le même modèle que lui. Ni lequel des deux protagonistes avait influencé l'autre.

Un jour, le populaire Dédé me branche, bille en tête. Comme si nous étions de vieux potes. Il n'a qu'un nom à la bouche : Chirac. Désormais président de la République.

— Il va me faire sortir de taule, m'affirme-t-il. Au plus vite. Son intérêt, c'est que je ne moisisse pas trop longtemps ici. Il sait très bien que je suis du genre bavard.

Les faits ne tarderont pas à lui donner raison. Dédé n'aura guère eu le temps d'user ses fonds de pantalon – aussi chics que ses souliers à vingt mille boules – sur les chaises et bancs de la Santé. Deux à trois semaines, tout au plus, et puis s'en va... On voyait bien qu'il venait d'un autre monde. Mais il n'en demeurait pas moins sociable autant qu'exubérant. Un vrai personnage de bande dessinée.

Pas franchement le cas de Loïk Le Floch-Prigent. L'ex-PDG de Elf, lui, évoluait encore dans les hautes sphères de l'État à l'époque. Et ce, en dépit de son incarcération. Qu'il vivait cependant fort mal, on s'en doute. Ses journées semblaient réglées comme du papier à musique. Chaque matin, toujours à la même heure, une voiture de police venait le chercher afin de le déposer au ministère de l'Industrie. Il y transmettait, paraît-il, des documents de première importance. Non sans prodiguer, m'a-t-on dit, des conseils de bon aloi à ses hôtes prestigieux. Statut d'ancien grand patron oblige. Toujours impeccable, impassible et impossible à approcher.

Au moins avait-il le mérite d'assumer ce traitement de faveur, eu égard à son rang. Mais dans une relative discrétion.

Rien à voir avec Pierre Botton. Chef d'entreprise lui aussi, mais la comparaison s'arrête là. Dauphin autoproclamé de son beau-père, Michel Noir, en vue d'une carrière politique que les médias lui prédisaient prometteuse, il aura connu une déchéance identique. Plus rapide et cruelle encore que celle de l'ex-maire de Lyon.

Très vite, et pour des raisons qui m'échappent, Botton a souhaité se poser en héraut – voire héros – des taulards. Pour ce faire, il s'est lancé dans une grande campagne de presse, sans lendemain hélas, afin de pourfendre le système carcéral français. La démarche aurait pu paraître crédible s'il y avait consacré ne serait-ce que le temps et l'énergie nécessaires.

Ou s'il s'était montré, parfois, accessible aux autres prisonniers. À ma connaissance, cela ne fut jamais le cas. Rien de bien surprenant. Que pouvait-on attendre d'un type, nouveau riche assumé, qui se vantait d'avoir fait jeter dans une piscine des quantités gigantesques de crabes lors d'une soirée mondaine qu'il organisait ? Pas grand-chose en vérité.

Botton incarnait la superficialité à l'état brut. Il a donc retrouvé son élément naturel : le néant.

Bob Denard n'était déjà plus un perdreau du matin lors de son passage à la Santé. Il a, du reste, quitté ce monde peu de temps après sa remise en liberté. Le plus souvent, je le croisais à l'infirmerie. L'ancien para, à l'évidence pas vraiment dans son assiette, s'y murait dans un mutisme ostensible. Dommage. Car lui, à l'inverse de certains tartarins, aurait sans doute eu des choses passionnantes à raconter.

Une prison hors d'âge, mais reliée au monde

Outre son aspect people, qui plaît tant à ces midinettes de taulards, la Santé possède d'autres attraits. À l'instar de Fresnes, c'est une vieille prison. Hors d'âge, même. Mais, à l'inverse, la détention n'y est pas si désagréable.

Exemple : tous les quinze jours environ, un semi-remorque entrait dans l'enceinte de la prison, puis déchargeait d'excellents morceaux de viande dont il regorgeait. Pour les détenus ? Telle était la version officielle. L'honnêteté oblige pourtant à souligner que nous n'en voyions pas souvent dans nos assiettes. *Quid* alors de l'origine de cette délicieuse barbaque ? La rumeur – jamais vraiment démentie – alléguait que les surveillants faisaient leur marché avec constance. Et gloutonnerie. Ne laissant qu'une infime part de la marchandise aux prisonniers.

Une autre version, tout aussi plausible, prétendait que, chaque fin d'année, plusieurs ambassades parisiennes expédiaient des colis de victuailles et de friandises à destination de la Santé. Une tradition ancienne, paraît-il. Fort bien, sauf que je n'ai pas souvenir d'en avoir jamais vu la couleur.

Outre ces petits mystères, on a surtout le sentiment, dans cette vieille bâtisse parisienne datant de 1875, de ne pas vivre trop éloignés du monde réel. Excellent pour le moral des détenus.

Il y avait aussi des affaires glauques, dont les échos circulaient jusque dans nos cellules. Comme celle d'un surveillant, aux penchants pédophiles, qui se livrait à des attouchements sur de jeunes types. Le gus s'occupait du vestiaire. Un poste d'observation idéal pour lui, qui se targuait d'avoir toujours besoin, je cite, « de chair fraîche ». Soi-disant afin de l'épauler dans sa tâche. Tu parles ! À chaque fois qu'un nouveau gars y débarquait, il y avait de gros problèmes. Et les choses finissaient en eau de boudin. Mais ce fonctionnaire, loin d'être irréprochable, n'en a pas moins conservé sa place à ce poste. Comprenne qui pourra.

Ces soucis, assez récurrents tout de même, mis à part, les conditions de détention à la Santé étaient plus que correctes.

Les passionnés d'histoire – j'en suis – ne se trouvaient pas en reste. Disséminées çà et là dans l'enceinte de la prison, plusieurs plaques commémoratives rappelaient que la Santé fut aussi un lieu de résistance au nazisme. Elles glorifiaient la mémoire de résistants fusillés, en ces lieux mêmes, pendant la Seconde Guerre mondiale.

D'indispensables travaux de réfection et de modernisation ont été réalisés depuis. J'ignore donc si la vieille dame a conservé ses – tout relatifs – charmes d'antan.

« À la Santé et pour trois ans » (à une année près), comme le chante si bien Lavilliers dans l'un de ses textes assez anars[1], j'ai vu sans doute davantage qu'ailleurs tourner le monde. Surtout l'univers trépidant de la Ville lumière en cette fin

1. « Les Barbares », *Les Barbares*, Disques Barclay, 1976.

de millénaire. Les souvenirs que j'en garde sont, pour cette raison essentielle, bien plus agréables que ceux de Villepinte. Certes, la modernité de la seconde contraste avec la vétusté de la première. Villepinte restera le premier établissement pénitentiaire où j'aie pu trouver des toilettes séparées aménagées dans les cellules. Là où il n'y avait encore, dans l'immense majorité des cas, que tinettes communes et pot de chambre à disposition des détenus.

Mais ce centre, vaste univers concentrationnaire où le béton est roi, souffre aussi d'un mal bien contemporain : la surexploitation. Durant mes trente mois passés là-bas, il comptait des effectifs atteignant près du double de ses capacités prévisionnelles. Une folie !

Premier pépin cardiaque avant même la cinquantaine

En juin 2001, une mesure de remise en liberté conditionnelle m'est accordée. Enfin ! Il me restera à faire commuer le reliquat de ma peine en trente mois de contrôle judiciaire. Que je respecterai avec une rigueur totale. Un moindre mal. Mais à quarante-huit balais, lesté d'antécédents comme les miens, je me sais perdu pour ce qu'il est convenu d'appeler la « vie active ».

Erreur ! Contre toute attente, je parviens à retrouver du boulot. Dans la vente de voitures. Ma destinée ! D'abord du côté de la porte des Lilas. Puis porte de Clichy, à deux pas du boulevard périphérique. Ce dernier job, inespéré, durera tout de même assez longtemps pour que je me refasse la cerise. Sans plus. Au bout de trois années de bons et loyaux services, la boîte fermera ses portes. Problèmes financiers. Et fin de parcours pour moi.

Quelques semaines plus tôt, à 4 heures, je me réveille trempé de sueur, souffrant le martyre. De terribles douleurs, lancinantes, vrillent ma poitrine et m'empêchent quasiment de respirer. Mon médecin traitant, appelé d'urgence au petit matin, me conseille alors de passer un électrocardiogramme. Ma confiance en lui est totale. Mais je le sens moyen. Jamais évident, avant cinquante ans, de se résoudre à l'idée que l'on est malade. Surtout pour un truand « à l'ancienne ».

Sitôt averties de mon état par Farida, ma sœur et ma nièce débarquent, ventre à terre, à mon chevet. Toujours un soulagement de sentir les siens qui font bloc autour de vous. Surtout quand on se trouve dans la mouscaille.

Ma nièce, très alarmée, finit par me convaincre de passer l'examen prescrit par le toubib. À peine ai-je obtempéré qu'elle me charge dans sa voiture, puis m'emmène à l'hôpital de Montfermeil. Grâce à la lettre du docteur, j'y suis pris en charge tout de suite. Dès les premières secondes, fin du suspense. Sans surprise, le diagnostic tombe : infarctus du myocarde. Mon premier pépin cardiaque. J'accuse le coup. Moi qui n'avais jamais eu de problème de ce côté-là, me voilà rattrapé par l'hérédité.

Nous sommes en pleine canicule estivale de 2003. J'apprendrai, quelques semaines plus tard, comme l'ensemble des Français, l'hécatombe qui s'est abattue sur les anciens et les personnes fragiles, au cours de cette foutue période.

Mais ma bonne étoile veille. Au terme de quatre jours de soins intensifs, l'équipe médicale me pose un ressort – appelé *stent*, anglicisme oblige – dans l'une des artères coronaires. Le tour est joué. À ma grande stupéfaction, me voilà sur mes jambes. En l'espace de quelques heures, mon état a changé du tout au tout.

Le soir même, je rentre à la maison. Bien plus fringant que naguère.

Quasiment magique, cette aventure. Elle aurait pu finir plus mal. C'est beau la science, non ?

17

Une histoire belge plus ou moins drôle

Mes soucis de palpitant ne sont déjà plus qu'un mauvais souvenir. Je coule enfin des jours tranquilles, chez moi, parmi les miens, quand un beau matin un ami m'appelle. Rendez-vous est pris devant un café. Il me propose de remplacer, au pied levé, le complice avec lequel il bosse d'habitude sur une affaire. Du lourd. Sans trop de risque, précise-t-il. Je connais la chanson. Il n'empêche : je tends l'oreille. Alléché par l'idée de repartir dans l'action.

Il s'agit de braquer une petite banque au milieu d'une banlieue, assez tranquille, paraît-il, de Bruxelles. Un casse en Belgique ? En principe, je ne pratique plus ce genre d'exercice. À cinquante berges révolues, et à peine remis d'un infarctus, je devrais plutôt passer la main. Mais force est de le reconnaître, le scénario qu'il me décrit semble bel et bien peinard. Surtout, il y a 300 000 à 400 000 euros à se mettre dans la fouille.

Il m'a convaincu. Mais je manifeste un souhait avant de lui répondre : me rendre d'abord sur place. Histoire de me faire ma propre opinion. D'ici là, je réserve la décision. Je sais d'expérience que dans ce genre de combine, tranquille et fastoche, il est toujours plus aisé d'entrer que de sortir.

N'allons pas trop vite en besogne.

Au terme d'un examen minutieux *in situ*, j'évacue cependant mes derniers doutes. Le coup paraît jouable et son mode opératoire me convient. Mais je préfère jouer cartes sur table. Sortant d'un sérieux pépin cardiaque, je ne garantis pas de me montrer opérationnel à cent pour cent.

Le gars reste zen. Dans le Milieu, mon statut d'ancien fait désormais caution. Mes antécédents sont solides et je n'ai pas la réputation d'un déballonné ou d'une balance. Il préfère donc tourner avec ma pomme que s'embarquer avec un jeunot sans expérience. D'autant, insiste-t-il, que le coup, *a fortiori* pour de vieux renards comme nous, ressemble à l'enfance de l'art.

Deux semaines plus tard, les dés roulent. Mon comparse m'indique la date retenue, où la somme d'argent espérée sera accessible. Tout retour en arrière est interdit. Loin de moi d'ailleurs cette intention. Je suis à sec, à peine sorti du placard, et en délicatesse avec mon cœur. Comment bosser encore dans des conditions pareilles ? Surtout à mon âge. Ma situation est plombée. Point à la ligne. Il faut en sortir. Par le haut ou par le bas ? Le sort décidera.

Le jour venu, déguisés en transporteurs de fonds, nous entrons dans cette petite agence belge jouxtant la place centrale d'un patelin. Nous passerons par la salle où les clients viennent retirer des espèces sur des distributeurs automatiques de billets. Il est 8 h 30.

Soucieux d'attirer l'attention le moins possible, nous avons effectué le trajet en métro. Pas question de voiture, à ce stade des opérations du moins, dans notre scénario, plutôt original et culotté. À l'intérieur de nos besaces, nous portons des armes ainsi que tout l'attirail adapté au braquage : cagoules, menottes, paires de gants…

La banque ouvre à 9 heures. Nous patientons donc dans le sas. Placides. Sitôt la porte ouverte, par une représentante de la direction, foin de bonnes manières. Nous la poussons sans ménagement, puis pénétrons de force derrière elle. Sous la menace, nous lui enjoignons de neutraliser l'alarme, afin de couper court à toute mauvaise inspiration. Dès cet instant, nous sommes déjà dans l'action. Pourvu que tout se passe bien !

Une deuxième personne – une femme elle aussi – fait son entrée dans la banque. Planqués, nous la laissons entrer avant de la maîtriser. En douceur. Une troisième suit. Traitement identique. La quatrième, que nous attendons, n'arrivera jamais. Souffrante, elle prendra la peine, quelques minutes plus tard, de s'en excuser par téléphone auprès de sa collègue. Que nous avons laissé décrocher le combiné en la surveillant comme le lait sur le feu.

Jusque-là, tout s'est déroulé avec l'extrême facilité envisagée. Mieux même, puisqu'il ne nous faut tenir en respect que trois employées au lieu des quatre prévues. La responsable, calme et posée, nous estomaque. Elle propose de nous suivre si nécessaire, pour le cas où nous compterions prendre quelqu'un en otage. Du jamais vu ! Je me mords les joues pour ne pas lui témoigner à haute voix mon admiration. Les femmes sont souvent plus courageuses que les hommes. Je l'ai toujours pensé et cela se confirme. Nous déclinons sa proposition. Dans notre scénario, nous avons juste prévu de filer avec sa voiture. Je lui subtilise donc, à son insu, les clés du véhicule. Autant éviter de l'inquiéter.

Un casse d'une heure

Reste la dernière étape des opérations avant de mettre les voiles. Ouvrir les coffres. Et là, il y a un hic. De taille. Quand on lui demande d'effectuer la chose, la dame nous répond que ceux-ci sont programmés pour un déverrouillage automatique. Or, le mécanisme opère à 10 heures. Un tour de cadran après l'ouverture de la banque.

La tuile !

Douchés à froid, nous lui demandons alors si elle dispose d'un fonds de caisse afin de pourvoir aux besoins des clients dans l'intervalle. Elle répond par l'affirmative. Huit mille euros, précise-t-elle.

Second coup de bambou.

Le débat s'engage entre nous. Partir la queue entre les pattes, lestés de ce maigre butin ? Attendre, stoïquement, le clic salvateur des coffres-forts ?

Contre toute logique, nous optons pour la seconde solution. Une heure à grenouiller, pendant un casse : un pur suicide ! Personne ne fait jamais pareille connerie.

Entre-temps, nous avons l'idée d'ouvrir les distributeurs de billets. Bien nous en prend. La collecte se révèle excellente : plus de 90 000 euros. Enhardi, mon complice demande alors à ces dames :

— N'est-ce pas aujourd'hui que vous attendez un gros transfert ?

— Si, répond la responsable. Il est déjà là. Mais il faut attendre l'ouverture d'un coffre privé libérant les clés de la chambre forte. Là encore, impossible d'envisager quoi que ce soit avant le déclenchement des minuteurs.

Message reçu. Le tuyau était bon. L'enjeu nous semble à la hauteur des risques courus ; 300 000 à 400 000 euros dorment déjà dans l'agence. La partie en vaut largement la chandelle. Il suffit de se montrer patients. À défaut d'être prudents.

Dix heures. Le clic sonore retentit. Enfin ! Pile-poil à l'heure. La dame, toujours aussi coopérative, nous ouvre la chambre forte. Puis retourne s'asseoir, docile. Mais notre soulagement est de courte durée. Nous découvrons alors d'énormes sacs, lourds comme des enclumes et bourrés à craquer... de pièces d'un et deux euros. Pour un total de 200 000 euros.

Échec et mat !

Impossible de transporter des espèces sous ce format-là. Nous ne sommes aucunement équipés en conséquence.

Même avec la voiture personnelle de la sous-directrice de l'agence.

La mort dans l'âme, nous faisons contre mauvaise fortune bon cœur en nous contentant des 90 000 euros déjà récoltés. Et en avant !

Mais le calme relatif dont nous avons bénéficié jusque-là précédait la tempête. Il s'explique simplement. Avant le braquage, nous avons pris la précaution d'apposer sur la porte d'entrée un écriteau indiquant que l'agence, à titre exceptionnel, ouvrirait une heure plus tard qu'à l'accoutumée.

Excellente initiative, me direz-vous. Sauf qu'en dépouillant les distributeurs automatiques de billets dès notre arrivée, nous avons provoqué un merdier total. Les automates ont, alors, allègrement avalé les cartes de crédit des clients les plus matinaux de la banque. C'est ainsi qu'en sortant de l'établissement, nous nous trouvons nez à nez avec une meute inquiète – on le serait à moins – d'une quinzaine de personnes désireuses de récupérer leur carte au guichet. Nous voyant dans nos accoutrements de transporteurs de fonds, elles nous pressent de questions. *Quid* de leurs biens respectifs ?

Cette fois encore, nous improvisons, dans l'urgence la plus totale. Sans panique ni dégâts. Dieu merci !

— Le problème est résolu, répondons-nous, tout sourires. On vient de finir de dépanner. Il vous suffit de vous présenter au guichet.

Le petit troupeau est déjà parti à l'assaut. Avant même qu'il ait atteint son but, nous avons filé. Sans nous retourner. Ouf !

Au bout de trois cents mètres, nous décidons de nous engouffrer dans un parking souterrain de supermarché. Objectif : abandonner la voiture. Direction la station de taxis la plus proche. Jusqu'à notre véhicule relais, indispensable à ce genre d'opération, stationné en surface, dans une rue assez proche. Nous gardons aussi une oreille attentive sur nos

« scanners ». Afin de savoir si la police locale est déjà sur les dents à cette heure.

La réponse est oui. Plus question de s'éterniser...

Manque de bol ! En quittant la voiture de la banquière, j'ai été obligé de me pencher pour récupérer l'un des sacs.

Le poids d'un ADN

Ma cagoule a alors glissé de ma poche kangourou, puis est tombée sur le plancher arrière de la bagnole. Dans le feu de l'action, je ne l'ai pas vue. Je ne m'apercevrai de ce désastre que de retour dans notre repaire, au moment du partage. Avant d'aller brûler les autres indices de notre forfait.

Mon comparse et moi faisons grise mine après cette piteuse découverte. Inquiets, certes, mais pas tant que ça. En ce temps-là, je ne suis pas encore répertorié sur le fichier ADN, qui démarrait alors et deviendra, quelques mois plus tard, l'alpha et l'oméga de tous les poulagas du Vieux Continent. Nous conservons donc l'espoir que ce coup dur n'ait que des conséquences limitées. Qui plus est en Belgique où je suis encore inconnu au bataillon. Des services de police, surtout.

Le lendemain matin, retour à Lille, *via* le bus, puis le train direction Paris. Je rentre sans encombre de la gare du Nord jusque chez moi. Premier obstacle sérieux franchi au pays. Dans les jours qui suivent, nous échangeons, mon pote et moi, des nouvelles. Par cabines téléphoniques interposées. Une époque bien commode pour nous autres truands mais, hélas, désormais révolue. Les téléphones portables, ces putains de mouchards, sont presque aussi nuisibles que les balances. Mais comment faire sans eux de nos jours ? Bref, ni lui ni moi n'avons d'informations alarmantes à déplorer.

Tu parles !

Cézigue se trouve déjà sous surveillance policière. Comme si cela ne suffisait pas, il ne témoigne pas d'une discrétion exemplaire à propos de ses exploits, passés et récents, lorsqu'il rencontre des copains. Cerise sur le gâteau, il prépare déjà l'affaire suivante. Pour laquelle je me suis cette fois fait porter pâle. Sans hésitation.

Un furieux !

Savoir ce qui s'est vraiment passé ensuite ? Difficile. Il semble qu'il y ait eu une fuite, partie du café où il avait ses habitudes. Un indic, qui n'en demandait sans doute pas tant, a pu ainsi prévenir les flics belges qu'il avait localisé l'un des braqueurs de la banque.

À partir de là, les carottes étaient cuites. Tout le monde se fait pincer. Une bonne dizaine de types se retrouvent ainsi sous les verrous.

De mon côté, j'ai pris connaissance de l'info, pratiquement en temps réel. À ce moment, je me trouve « au chaud », à Paris, loin du théâtre d'opérations qui fut le nôtre. *A priori* inconnu des services belges. Je crois possible de passer entre les mailles du filet.

Un rêve, bien vite dissipé.

À éviter : le complice à la langue trop bien pendue

Le jour où ils effectuent une perquisition chez le propriétaire de l'immeuble où habite mon complice, près de Bruxelles, les policiers accélèrent le processus. Ils trouvent deux flingues. Sans l'ombre d'un permis de port d'armes. Surfant sur cette aubaine, ils mettent alors une pression d'enfer sur le gus qui, très vite, se liquéfie. Et balance. Puis fait du zèle, le lendemain, en leur apportant les deux scanners dont nous avons fait usage lors du casse.

Mon copain, grillé pour le compte, avait déjà deux sales affaires sur le dos. Plus une troisième en route. La pêche ne pouvait être meilleure. En coffrant, du même coup, la dizaine de gars qui l'accompagnaient sur ces différents casses, les poulets pensent, dans un premier temps, avoir bouclé leur marché. Mais mon camarade, bavard impénitent, n'a pu s'empêcher de parler à tous les vents de son « ami de Paris ». Trop aimable !

Plusieurs de ses comparses, ainsi que le propriétaire de l'immeuble, lui ayant emboîté le pas pendant l'enquête, voilà qu'elle s'oriente désormais vers moi. D'autant que le zélé proprio de l'immeuble se fait un devoir de me décrire physiquement, en précisant m'avoir vu, à plusieurs reprises, quelques semaines plus tôt. Lors de mon repérage initial pour être précis. Mon pote m'avait alors hébergé, car je ne voulais pas dormir à l'hôtel où, à l'époque, en Belgique, on demandait encore une pièce d'identité dès réception d'un client.

Bien la peine ! Comme quoi la solution idéale n'existe pas...

*

Près d'une année plus tard, les flics belges m'ont identifié. En soumettant ma photo au propriétaire qui, au point où il en est arrivé, n'a aucun scrupule à leur raconter aussi que j'étais déjà présent le week-end précédant le braquage.

Lestés d'une commission rogatoire et prétextant disposer d'une empreinte digitale – qu'ils n'ont pas – suffisante pour légaliser la procédure, ils rappliquent en France afin de m'interroger. Puis affirment s'appuyer pour cela sur une empreinte ADN. Laquelle serait issue de la fameuse cagoule recueillie sur le plancher arrière de la voiture « empruntée » à la sous-directrice de l'agence bancaire. Cette pièce à conviction ne comporte pas moins de cinq identités ADN différentes. Dont la mienne. Hélas !

La fin des haricots. Vraiment pas marrante, mon histoire belge.

Sitôt la boucle bouclée, les schmitts m'embarquent, à destination du tribunal de Bobigny, accompagnés de collègues français qui, eux, ont autorité pour m'appréhender.

À l'arrivée, interrogatoire classique. L'objectif principal étant de recueillir mon ADN. Mon fichage remonte à cet épisode. Un sinistre marqueur qui m'accompagnera jusqu'à la fin de ma vie. La règle du jeu, désormais.

Je m'entretiens tout de même de la chose avec mon avocate, afin de tenter de m'y opposer. Au moins, pour un usage à l'étranger. Celle-ci, d'emblée, se montre pessimiste. Elle me répond que le juge, dans ce genre de situation, accède le plus souvent à la demande de la police. Ne serait-ce que dans le cadre de l'entente judiciaire. Or, compte tenu de mon casier du même nom, le magistrat n'a aucune raison de leur refuser cette procédure. Ni ses conséquences logiques hors de nos frontières.

Je sens l'affaire fort mal engagée. Comme une mauvaise nouvelle n'arrive jamais seule, les enquêteurs, lors de la perquisition effectuée à mon domicile, ont trouvé une carte de crédit qui ne m'appartient pas. Et déclarée égarée, avec ça. Une circonstance aggravante.

Incarcéré à Villepinte, en 2004, je vais y purger plus d'une année entière de préventive. Pour la détention de cette foutue carte de crédit.

Entre-temps, la police belge a pu valider mon ADN, puis demander mon extradition, intraeuropéenne, vers Bruxelles. Seize mois après le début de mon séjour à Villepinte, j'y suis condamné à cinq années de prison ferme. Puis transféré.

À l'issue de trente mois de taule outre-Quiévrain, ma peine est aménagée. La justice belge me propose une expulsion, assortie d'une interdiction de séjour de dix ans, avec mesure de libération conditionnelle. J'accepte le deal sans hésiter.

À peine la porte de la prison franchie, on me donne quarante-huit heures pour quitter le pays. Là non plus, je ne me fais pas prier. Un ami me dépose à Lille, où j'achète un billet de TGV, aller simple, à destination de Paris, gare du Nord.

Me voilà de retour en France. Une mauvaise surprise m'y attend. Dès mon arrivée, j'apprends, de la bouche de mon avocate, que je suis condamné à dix-huit mois de rab. Toujours la fameuse carte de crédit, qui ne passe décidément pas. Ainsi en ont décidé les magistrats, au terme de mon procès français, auquel, pour des raisons évidentes, je n'ai pu déférer.

Quelques semaines plus tôt, j'avais pourtant pris la peine d'adresser un courrier, de ma geôle belge, à la présidente du tribunal de grande instance afin de l'informer de mon incarcération à l'étranger. Mon conseil, de son côté, n'a pas manqué de s'évertuer, le jour du jugement, à expliquer les raisons de mon absence devant la cour. Rien n'y a fait. Celle-ci a passé outre, puis validé l'extension de la détention concernant mon « délit français ».

Trois jours après mon arrivée chez moi, je décide donc de prendre le taureau par les cornes en contactant mon avocate. Ma requête ? Solliciter un entretien auprès du procureur de la République, à Bobigny, afin d'expliquer les tenants et aboutissants de cette affaire. Compliquée, de prime abord, du point de vue juridique ; moins en partant de l'élémentaire logique. Sans surprise, le représentant du parquet ne veut rien entendre. Il exige, en préambule à toute étude de mon dossier, que je me présente sans délai devant la justice pour être incarcéré.

On ne parle pas avec les murs. Ni en prison ni ailleurs.

Fine mouche, mon avocate a acté ce triste constat. Elle se tourne alors vers le juge d'application des peines – le fameux JAP – à Bobigny, afin de faire valider l'ensemble de mes remises de peine. J'en totalise plusieurs. Obtenues pour bonne conduite. Or, celles-ci, à ce jour, n'ont pas encore été comptabilisées.

L'arithmétique et ses règles intangibles se révèlent propices à nos intérêts. J'ai déjà purgé seize mois de détention en France. Douze pour mon délit « français » ; quatre pour le « belge ». Le tout à Villepinte avant mon extradition en Belgique. L'examen du JAP confirme donc nos calculs. Après application de mes remises de peine, cela revient à dire que j'ai bien fait mon temps derrière les barreaux. Et même une dizaine de jours additionnels.

Le parquet enfin convaincu par mon avocate

Le parquet a dû finir par se ranger aux conclusions de l'avocate. Mais il requiert mon passage devant lui. Ce que j'ai d'ailleurs demandé, à cor et à cri, pendant plusieurs semaines. Rendez-vous est donc pris. Bon élève, je m'amende devant le proc', à l'heure dite, accompagné de mon conseil. Le magistrat du parquet me signifie alors que tout est en règle, et que mon mandat s'en trouve « forclos », depuis la veille. Fort bien !

L'enclume qui pesait sur ma poitrine s'est envolée. Un nouveau miracle. Reste maintenant à affronter la dure réalité du monde extérieur. Et le moins qu'on puisse dire, c'est qu'il ne m'a pas attendu.

Nous sommes en 2008. La révolution numérique bat son plein. L'économie mondiale est en pleine panade alors que gronde, au loin, le futur krach financier du siècle. Je suis rentré au pays en novembre 2007. J'ai cinquante-quatre piges, je viens de purger trois nouvelles années de violon, et n'ai plus l'ombre d'une ressource en vue pour assurer mon quotidien et celui de ma famille.

Je croyais avoir passé le plus dur. Est-ce vraiment si sûr ?

18

Un citoyen pas si ordinaire

J'entreprends la première démarche qu'il me faut mener après ma sortie de prison. Mes pas me guident cette fois jusqu'à la caisse d'allocations familiales la plus proche de chez moi. Moins éligible que jamais aux indemnités de chômage, je suis contraint d'y demander le revenu de solidarité active (RSA). À cinquante-quatre ans, je repars du néant. Une habitude. La nouveauté, c'est qu'à mon âge tout semble encore beaucoup plus difficile. Quant au contexte, rien ne sera plus comme avant.

Très vite, j'acte une évidence. J'ai rejoint les neuf millions de Français vivant sous le seuil de précarité. Un statut dont je m'accommode, tant bien que mal. Mon – maigre – business, désormais, consiste à acheter, pour une poignée de cerises, des voitures anciennes, ou accidentées, en mauvais état. Je les restaure puis les revends. Le plus souvent en pièces détachées. Surtout des Citroën DS – ma voiture fétiche – dont je connais sur le bout des doigts la mécanique, pourtant assez complexe. Un modèle indémodable. Heureusement toujours prisé des collectionneurs.

Ces investissements, assez réguliers tout de même, sont possibles grâce aux quelques réserves que j'ai pu constituer lors de mes brèves périodes de vaches grasses. Celles-ci me permettent aussi de manger et d'assurer le quotidien de mes proches. Il faut préciser que mon fils aîné, vivant toujours chez nous, gagne maintenant – un peu – sa vie.

À quatre, dans notre petit trois pièces, on ne s'est sans doute jamais autant serré les coudes.

Je remplis également mes journées, bien moins chargées qu'autrefois, en dépannant des amis ou des voisins. Une télé chez une mamie par-ci, un moteur ou un embrayage à la demande d'un pote par-là. Le tout à titre bénévole. Ma philosophie en la matière se résume assez bien : « Je sais faire donc je peux faire. Dès l'instant où je suis disponible. »

J'agis de bon cœur, mais ne m'impose rien. Et d'abord pour rendre service. De préférence à des gens que j'apprécie. Mais aussi afin d'assouvir ma passion. Intacte, elle ne m'a pas quitté au fil du temps. Ni les années écoulées ni mon existence si chamboulée n'y ont, à vrai dire, changé quoi que ce soit.

Outre la mécanique, mon domaine de prédilection, j'ai acquis tout au long de ces décennies des compétences solides, ainsi qu'un honnête savoir-faire, pour réparer tout ce qui se rapporte à l'électricité, à l'électromécanique, de même qu'à l'électronique. Je ne suis pas manchot non plus dans le domaine, désormais incontournable, de l'informatique.

Mon ouverture d'esprit et l'accessibilité qui l'accompagne ont fait de moi, à la longue et en dépit de mes nombreux déboires avec la justice, un voisin connu et estimé. J'ai pu le constater à maintes reprises. Il me faut l'avouer, j'en conçois une certaine fierté.

Sans doute parce que, au tournant d'un demi-siècle à user mes semelles sur cette bonne vieille « planète bleue », je me suis découvert un intérêt réel pour mon pays, si imparfait soit-il. Et, au moins autant, pour ses habitants, mes compatriotes.

Du coup, les semaines défilent vite. Je les passe le plus souvent à bricoler chez moi ou bien dans le garage auto d'un ami. À l'occasion, je prête aussi la main à un autre copain qui dirige une boîte de transport routier. Il m'arrive alors d'aller sur place, dans une commune située au nord de notre département, pour y réparer des camions ou du matériel de maintenance.

Les week-ends sont essentiellement consacrés à la famille. Culture méditerranéenne oblige. Y compris chez ma sœur, toujours domiciliée à Montfermeil où tant de souvenirs de gosses nous lient. À ma sortie de prison, en 2008, j'avais la chance d'y compter encore ma seconde sœur. Celle-ci, hélas, nous a quittés depuis.

En 2012, une petite fille, aujourd'hui âgée de huit ans, a rejoint notre cénacle. Comme pour effacer un peu de la peine que nous ressentions. Deux petits frères, le premier ayant atteint ses trois ans et le second arrivé avec l'automne 2019, sont venus agrandir le cercle familial. Dès que possible, je sors les deux aînés. Le plus souvent pour les emmener jouer dans les nombreux parcs qui égaient notre ville du Raincy.

Le gamin veut poser les vis et utiliser le tournevis quand je monte des meubles chez ses parents. Sa sœur n'est pas en reste. Très tôt, elle a manifesté un goût pour le bricolage, assez inhabituel chez une petite fille de sa génération. Tous deux ont de l'atavisme. Peut-être faut-il y voir aussi les effets de l'époque. « Silly » – son surnom – se montre très dégourdie. Quand je joue avec le petit, elle se promène autour de nous sur son vélo et s'occupe fort bien seule. Déjà assez autonome pour son âge.

Je m'intéresse beaucoup à l'actualité. Une évidence s'impose aux Français : le pays ne va pas bien. À mes yeux, ce constat s'avère particulièrement criant dans le domaine judiciaire. Le fonctionnement de la justice, parfois délirant, a déjà généré bien des dérapages. Et soulève au moins autant de questions.

Pourquoi celle-ci se prête-t-elle, *de facto*, au trafic de drogue passif en levant les barrières douanières, avec les conséquences fort dommageables qui en découlent ? Et alors qu'en réalité, elle n'ignore pas que des policiers ont dérapé, par le passé, en revendant de la came ayant déjà été saisie ? Ou, plus fréquemment, en la donnant à des indics, eux-mêmes trafiquants de produits stupéfiants, afin d'alimenter le business ?

Dès lors qu'ensuite, ces voyous – qui ne sont rien d'autre, dans les faits, que des intermédiaires, voire des mandataires, de la justice – se sont éloignés, puis planqués, le bras séculier de l'institution judiciaire, la police, s'abat sur les filières. Et met la main sur la marchandise. Mais sans tenir compte des dégâts occasionnés, et pour des résultats, trop souvent, peu apparents.

J'ai du mal à comprendre où se situe la logique.

Pis encore. Aujourd'hui, ce système s'est institutionnalisé. Les flics disposent en principe d'une cassette afin de financer leurs « aviseurs ». Lesquels sont à la fois des balances et des criminels. Au vu des sommes gigantesques englouties dans cette broyeuse, il est inévitable que le scénario échappe parfois à ses apprentis cinéastes. Dans les cas extrêmes, cela confine à de la pure corruption de fonctionnaires. Des histoires célèbres – pour certaines assez récentes – en témoignent.

Au sommet de cette pyramide opaque et hors de contrôle, l'appareil judiciaire entretient ses propres adversaires. Comment ne pas voir que ses méthodes alimentent, grâce à des financements substantiels – et publics – le trafic de stupéfiants ?

Dans la ténébreuse affaire des Muses, le grain de sable s'appelle Philippe Féval. Ce flic, aussi consciencieux qu'impétueux, a grippé la belle mécanique. Simplement en faisant son boulot.

Manipuler de juteux trafics, comme le fait encore l'OCRTIS, c'est mettre le doigt dans un engrenage fatal. Leurs ramifications sont souvent si complexes que des institutions, aussi indispensables à la société que la justice et la police, finissent, trop souvent, par s'y perdre. Voire à s'y abîmer.

*

Je me suis habitué à cette vie pépère de citoyen pas si ordinaire. Mais pas au point de me réfugier dans le déni. La réalité s'impose : ma passion des bagnoles ne me permettra plus de joindre durablement les deux bouts. D'autant que Farida, qui souffre elle aussi de problèmes de santé croissants, a dû se résoudre à abandonner les ménages.

Le recel : recyclage idéal pour un demi-sel

Je suis un gars fidèle en amitié. On ne se refait pas. J'ai donc conservé l'essentiel de mes relations avec d'anciens truands. Des mecs aux côtés desquels, depuis des lustres, j'ai fait les quatre cents coups. Parmi eux, il y a la Pince. Un vieux de la vieille, qui m'a toujours eu à la bonne.

Du fait de mon ancienneté dans le milieu assez fermé du braquage, je pratique maintenant un peu le recel. Histoire de compléter mes maigres ressources du moment. Une sorte de « privilège », les guillemets sont de rigueur, plutôt rare à l'égard des non-experts. Ainsi, j'ai pu nouer des contacts avec des pros confirmés. Pas forcément des types que je connais de longue date. Et pour cause : la plupart d'entre eux sont partis, rangés des voitures, retraités ou décédés.

Le constat sonne comme un douloureux rappel, s'il en était besoin. À cinquante-cinq piges, je ne suis, moi-même, plus vraiment un perdreau du matin.

Il n'empêche. À force de tourner avec les jeunots qui les ont remplacés, la confiance, indispensable, a fini par s'installer. Alors, au fil des semaines, mon ordinaire s'est un tantinet amélioré. Oh, pas au point de rouler sur l'or !

À la longue, je suis devenu un membre assez familier de ce cercle fermé. J'y observe une évidence : il n'existe pas de profil type du receleur. En revanche, on trouve des caractéristiques incontournables. Ainsi, un spécialiste de la taille des pierres précieuses – rouage essentiel du métier – sera le plus souvent originaire d'Inde ou du Pakistan. Un bijoutier-joailler, qualifié et doté d'un œil infaillible, aura volontiers des origines moyen-orientales. Même si depuis peu, on compte aussi des ressortissants de pays est-européens au sein de la profession. Les intermédiaires, plutôt calés dans les métaux semi-précieux – qui s'écoulent très bien – tel le cuivre, surtout, mais également l'argent et l'aluminium, sont des gens du voyage.

Voilà pour la tendance générale. Mais l'on peut tout de même rencontrer encore de bons vieux Gaulois dans cet aréopage, discret et minutieux. Par exemple, des artistes peintres ou bien des artisans, particulièrement doués pour la falsification de monnaie – y compris « infalsifiable » – et de documents à caractère administratif. Mais ces gens ne sont plus tout jeunes. Le dernier de ma connaissance a, d'ailleurs, passé l'arme à gauche il y a deux ans.

Fort lucratif, le business a très vite été repris. Plutôt par des Maghrébins. Il faut souligner que le recel représente une étape prépondérante de la chaîne du banditisme. Aucun casse, aussi brillant et médiatique soit-il, ne se conçoit sans avoir réglé, au préalable, cet épisode qui s'ensuivra forcément. Puis précédera, dans la plupart des cas, le moment tant attendu du partage du butin.

Pour un diamantaire, il est, par exemple, très simple d'acheter un bijou volé. Puis de le retailler, le modifier et le refaçonner. Quitte si nécessaire à lui faire perdre un demi-carat, voire un carat, avant sa revente.

Le lapidaire, lui, incarne dans le processus du recel ce que le casseur de voitures est au marché automobile. Il récupère la pierre, lui donne une nouvelle forme, avant de la faire enregistrer. En tant que création personnelle. Aucun risque, alors pourquoi se gêner ? Si le gars bosse comme un vrai pro, le bijou sera méconnaissable. Même pour un œil averti. Il suffira le plus souvent de lui donner une taille différente.

Chacun sait que le principal marché mondial de la pierre précieuse se trouve à Anvers. Pas un secret non plus que de souligner l'attractivité de la cité flamande auprès des grands bandits. Celle-ci recèle – c'est le cas de le dire – de sacrés talents. Les pointures, en matière de recel, y sont légion.

Du coup, retrouver diamants et bijoux volés dans cette usine de retraitement du crime à ciel ouvert relève de la mission impossible. Interpol et ses grands flics internationaux en ont d'ailleurs pris acte depuis longtemps.

Et puis, il faut bien faire vivre les compagnies d'assurances. Ou, parfois, les escrocs qui mettent un point d'honneur à les arnaquer. Le grand monde n'en manque pas. De temps en temps, il arrive que les journaux en parlent. Passons...

L'or – et cela n'a jamais été aussi vrai – demeure lui aussi une valeur sûre. Fort prisée des receleurs. Là, les codes se révèlent un peu plus souples. S'il s'agit d'une belle pièce, voire d'un modèle unique, elle sera revendue telle quelle. Le plus souvent en Asie ou au Moyen-Orient. Les grandes fortunes, sous ces latitudes, sont prêtes à consentir des sommes astronomiques afin de se les approprier. Parfois à l'occasion d'un mariage ou d'autres événements heureux de l'existence. Un marché juteux.

Les orfèvreries de moindre attractivité, ou jugées trop reconnaissables, seront refondues. Tantôt en lingots ou bien en pièces. Avant d'être revendues au poids.

Un très bon business là encore. Et qui rapporte énormément. De sous, certes, mais souvent aussi d'emmerdements. Tant il s'avère que sur cinquante voleurs une bonne moitié au moins se montrera, à un moment ou à un autre, imprudente. Et là, plus dure sera la chute !

Un constat statistique que je vous invite à vérifier si cela vous étonne.

La mythomanie, plaie du Milieu

Tout au long de la décennie qui me mènera jusqu'au casse du siècle, je conserve des contacts, occasionnels mais durables, avec le Milieu « New Age ». On y trouve des truands, mais aussi des demi-sel. J'y reviendrai. Ce petit monde constitue un véritable microcosme au sein duquel il convient d'acquérir, puis de conserver, une bonne image.

Le problème, c'est que les langues, parfois, ont tendance à s'y délier trop vite. Les raisons pour cela ne manquent pas. Mais la principale, je n'hésite pas à le dire, réside dans la mythomanie. Certains gus, enivrés par leur statut ou, pire, par ce qu'ils pensent être des exploits, n'hésitent pas à s'attribuer des affaires dans lesquelles ils n'ont rien à voir. Au besoin, ils sont prêts s'il le faut à se retrouver au gnouf pendant quelques mois. Une façon de s'octroyer à bon compte, si j'ose dire, une renommée qu'ils n'auraient pu acquérir autrement.

Les crétins !

J'ai connu un type qui a purgé trente mois de cabane, en silence, pour avoir prétendument organisé l'évasion d'un prévenu au Palais de Justice. Un coup fumant qui a foiré, puis n'a jamais pu être prouvé. Et que d'aucuns, chez les truands, jugent surdimensionné pour lui. Victime d'une balance notre homme ? Pas du tout ! Il s'est tout simplement montré trop bavard. Au point de rouler sa caisse dans des lieux publics. Ou de laisser circuler des rumeurs alléguant que, compte tenu de ses liens avec l'accusé, il ne pouvait demeurer étranger à ce fait divers. Incroyable ! Mais vrai.

Bref: le « métier » évolue. En parallèle à la société dont il est, d'une certaine manière, le miroir déformant. Mais qui amplifierait ses tendances. Les plus négatives, évidemment. À l'heure d'Internet et des réseaux sociaux, qui envahissent le quotidien, les nouvelles circulent vite. Y compris chez les truands. *Fake news* et autres histoires de cornecul aussi.

19

Tout fout le camp, y compris le métier

Le Milieu, pour faire simple, se compose de deux engeances : les truands et les demi-sel. On peut définir ces derniers de la façon suivante : pas des bandits à 100 % ; mais des types loin de rester honnêtes trois cent soixante-cinq jours par an.

À titre d'exemple, je n'ai, de toute mon existence, jamais croisé autant de pseudo-receleurs qu'après l'affaire Kardashian. Un signe. La rançon de la célébrité ? Sans doute. Il n'empêche : mieux vaut faire un tri – très – sélectif. De préférence bien en amont d'un coup, afin de trouver le bon point de chute. Ne serait-ce que pour s'éviter de mauvaises rencontres.

Dans le Milieu, contrairement à une idée reçue, les galons n'ont rien à voir avec l'âge. Ils se glanent au fil du temps certes, mais sur la foi de hauts faits d'armes. De préférence quand ceux-ci réussissent. Et se sont opérés en douceur.

Eh oui : n'en déplaise à certains magistrats, le truand, à l'ancienne ou non, n'est pas foncièrement sanguinaire. Les exemples à l'appui foisonnent – j'en ai déjà livré quelques-uns, fort édifiants. Cela dit, il faut être clair et laisser de côté les illusions : il n'existe plus aucun « code d'honneur » en usage chez les voyous. Ce temps est révolu. La drogue, parmi d'autres fléaux, a chamboulé de fond en comble la « mentale », jadis si chère aux « grandes figures ». Aujourd'hui, les truands n'en sont plus. Il ne reste au mieux que des commerçants. Malhonnêtes cela va de soi. Dans le pire des cas, ce sont de petites frappes prêtes à tout, y compris au meurtre, pour s'approprier quelques centaines d'euros. Un drame. Mais comment s'étonner que cette époque, qui nivelle par le bas, ait pu aussi engendrer une génération d'abrutis sans cervelle parmi les hors-la-loi ? Dans ce XXIe siècle où tout fout le camp, le métier part à vau-l'eau. Rien de plus naturel, hélas.

Moi, je suis heureux d'avoir connu un temps où l'on pouvait encore dire qu'il existait une éthique chez les grands bandits. À l'instar de Knobelspiess, Sulak et quelques autres. Mais tous, aujourd'hui, ont disparu.

Pourquoi le cacher ? Je vis très mal cette évolution. Voir des types braquer une boutique de téléphonie pour embarquer 300 euros, un Franprix en tapant 500 boules dans la caisse, ou molester une vieille dame afin de lui arracher deux ou trois billets, c'est juste lamentable. Quand on entrait dans une banque, mes amis et moi, on commençait par faire asseoir les personnes âgées. Puis on leur précisait nos intentions en affirmant :

— On n'a rien contre vous. Rassurez-vous, il ne vous arrivera aucun mal.

Avec la criminalité virtuelle, le pire est pour demain

J'exècre et méprise au plus haut point, aussi, cette misérable criminalité virtuelle, informe et immatérielle, qui frappe le plus souvent de pauvres gens. Elle m'apparaît d'autant plus lâche et sournoise qu'on ne la voit pas toujours venir. Moi-même, qui ne suis pas un dindon devant un écran d'ordinateur, j'en ai été victime. *Via* la carte de crédit de ma femme.

Un jour, celle-ci s'est retrouvée à découvert. Le choc. Cela n'arrive pas qu'aux autres. Comment ? En se faisant pirater lors d'une remise d'espèces au distributeur. Estomaquée, elle est alors allée se plaindre au guichet de la Caisse d'Épargne. Où on l'a fort mal reçue. Très vite, le ton est monté. Du fait qu'elle tenait sa carte de crédit dans la main – quoi de plus élémentaire après une transaction électronique ? – les employés n'ont rien trouvé de mieux que l'accuser d'avoir falsifié elle-même l'opération. La classe !

Face à ses dénégations indignées, ils ont alors décidé d'incriminer l'un de mes fils qui l'accompagnait. Lequel venait pourtant de lui adresser un virement créditeur. Afin de renflouer un peu son compte. Une attitude de bienveillance filiale qui, pour le moins, n'a pas trouvé grâce aux yeux de ces tristes sires.

Contre ces agissements détestables, j'ai trouvé une parade. Je scotche la bande magnétique au dos de nos cartes. Ainsi, la lecture ne s'opère plus que sur la puce qui elle, en principe, demeure inviolable.

Cette criminalité à distance, en pleine expansion, est appelée à se développer. À une vitesse, hélas, vertigineuse. Elle s'apparente surtout à de l'escroquerie, de l'abus de confiance, et se fonde sur une certaine virtuosité technologique. Mais elle a ceci de détestable : s'exonérer du risque de l'action de terrain pour ne frapper que les humbles. À défaut des puissants.

Les banques, dès lors qu'elles le souhaitent et se montrent honnêtes, ce qui ne va pas toujours de soi, sont, pour l'instant, capables de parer à la menace. Mais le pire scénario possible, selon moi – que l'on nous annonce pourtant comme imminent – résiderait dans la disparition pure et simple du fiduciaire.

Adieu jolis talbins et pièces de monnaie sonnantes et trébuchantes ! Là, ce serait le règne de la jungle. La vraie. Durant les dix ou vingt premières années, à coup sûr. Le temps de voir disparaître les malheureuses personnes âgées actuelles. Et de ruiner, sans espoir aucun, les plus vulnérables d'entre les autres.

Puissent nos éminents crânes d'œuf, si volontiers coupés du monde et de ses réalités, se garder d'élaborer semblable montage cauchemardesque. Les conséquences seraient terribles pour les faibles. Comme toujours...

L'autre critère, implicite celui-là, et déterminant dans le Milieu, s'évalue à l'aune des années passées en prison. Sûr qu'à cette échelle, un demi-sel comme mézigue, qui a séjourné un tiers de sa vie à l'ombre, prend un sacré coup de booster au hit-parade des truands chevronnés. Mais le problème, et je l'ai déjà souligné, est que la détention ne fait plus peur.

Un paradoxe ? Peut-être. Qui s'explique pourtant fort bien. Dès lors qu'elle ne constitue plus une menace aux yeux d'un bandit, la taule perd la totalité de son caractère dissuasif. Déjà fort contestable, selon moi. Je comparerais ce phénomène, toutes proportions gardées, à celui de la bombe atomique. La dissuasion ne fonctionne (et là réside tout son sens) que tant que l'on ne s'en sert pas. Sinon, l'effet de souffle, sur une existence humaine, se révèle dévastateur. Au point de la réduire en mille morceaux. Impossible ensuite de revenir en arrière...

À ce stade, selon la psychologie du sujet touché, cela peut salement dériver. Parfois jusqu'aux pires déviances. Ou bien aux crimes les plus abominables. La ligne rouge, c'est de s'en tenir au sentiment de dégoût que peut inspirer le système. Si, par malheur, celui-ci se mue en haine, les limites sont franchies. Alors tout explose. Surtout pour le gars qui ne se reconnaît aucune valeur personnelle.

*

Le Milieu, autrefois, avait ses règles. Celles-ci induisaient, *de facto*, l'obligation d'obéir à une autorité. Qu'elle soit morale ou occulte. Comme la solidarité qui s'impose quand, par exemple, l'un des membres d'un gang est arrêté. Une sorte de « tous pour un ». Mais sans les mousquetaires.

Il doit rester entendu qu'elles s'appliquent à chacun. Cela dit, le demi-sel, lui, prépare puis réalise ses coups dans son coin. Comme un grand garçon. Pour ma part, je ne me suis jamais affilié au sens strict du terme à aucune bande. Mais je reste persuadé que, si j'avais franchi ce pas, j'aurais sans doute respiré moins longtemps l'air vicié des geôles. Je veux dire par là que l'on m'aurait aligné sur des affaires plus tranquilles.

Cénacles politiques et truands : cocktail à faible risque

À titre d'exemple, il existe d'évidentes accointances entre les cénacles politiques et le Milieu. Bon nombre d'histoires, sordides au possible, en témoignent. Allons : un petit effort de mémoire ! Qui a oublié les troubles rebondissements du feuilleton du SAC, dans les années 1960-1970 ? Le dernier épisode de la série, sanglant[1], n'a-t-il pas décimé une famille entière – dont des gamins – dans une ville du sud-est de la France, au tout début de la décennie suivante ?

Le fin mot de ce sombre scénario, et les ramifications reliant les entourages de certains élus à des truands de bas étage, n'ont jamais, sauf erreur de ma part, vraiment fait les choux gras de nos grands quotidiens. Dommage.

Au cours de ma vie, plusieurs occasions se sont pourtant présentées. Mais je n'ai jamais été sensible à l'appel des sirènes pour mettre le doigt dans cet engrenage. Sans doute parce que j'avais déjà, en ce temps-là, une certaine vision politique. Il faut croire alors que celle-ci me l'interdisait.

1. La « tuerie d'Auriol », dans la nuit du 18 au 19 juillet 1981, au cours de laquelle Jacques Massié, chef de la section locale du SAC de Marseille, son épouse, leurs fils, ses beaux-parents et son beau-frère, soupçonnés de trahison au profit de la gauche locale, furent assassinés. À la suite de cette tragédie, le président Mitterrand fit dissoudre le SAC en août 1982.

Outre le « crime d'État » et la drogue, il est une autre branche du banditisme que j'ai toujours fui comme la peste : le proxénétisme. Par principe. Même si j'ai conscience d'avoir ainsi tiré un trait sur des tas d'argent facile. Dans notre milieu, régi par des codes plus ou moins conformes à une certaine idée que l'on se fait de l'honneur, je ne vois pas ce qu'il peut y avoir d'enviable à vivre aux crochets de femmes. Surtout pour les précipiter dans la précarité et la dépendance. À plus forte raison en les traitant avec brutalité. Combien ai-je croisé de julots se contentant, *in fine*, d'aller cramer cette oseille aux courses, aux cartes ou chez le tailleur ? Dérisoire !

Que reste-t-il donc à l'usage des demi-sel trop consciencieux comme ma pomme ? Essentiellement le braquage et la carambouille. Domaines dans lesquels, je l'avoue, j'ai pas mal donné dans ma longue vie de truand. Même si, il faut le reconnaître, résister à la tentation des drogues dures ne va pas de soi dans ce microcosme où l'on flirte en permanence avec le vide. La course à l'adrénaline, du coup, y est chose courante. Ne serait-ce que pour se donner du cœur au ventre pendant l'action. Ou bien demeurer performant durant ses prestations sexuelles. Voire permettre à des gars, désireux de se lancer dans ce petit jeu, de se désinhiber au maximum.

Camés ou m'as-tu-vu : ça fait tache !

Rien de mieux, paraît-il, que les effets de la cocaïne avant d'atteindre, sans trop d'efforts, l'ensemble de ces objectifs. N'étant pas familier de l'exercice, je me garderai bien de confirmer la chose. Que j'ai toujours mis un point d'honneur à esquiver, tant la rencontre avec la coco, quand on côtoie le Milieu, se révèle aisée, pour ne pas dire quotidienne. Dans le monde « normal », ce produit stupéfiant coûte très cher. Force est de constater que chez les grands bandits, il circule presque toujours gratuitement. Et cela ne date pas d'hier.

Encore un « privilège » qui peut vite mener à l'abîme. Non pas à cause du manque, plus fréquent avec les autres opiacés, mais bien parce que la coke, par ses vertus euphorisantes, amoindrit la perception de la réalité.

Pas l'idéal pour mener à son terme, et de préférence sans dégâts, un braquage. Le genre, majeur dans l'univers des voyous, requiert plutôt des nerfs d'acier. Ainsi qu'une évidente capacité d'adaptation. Et ne parlons pas de la minutie avec laquelle il convient de pratiquer, en évitant, autant que faire se peut, de se laisser déborder par le hasard. Or, c'est souvent là que le bât blesse.

Le casse comporte une dimension irrationnelle assez forte. On peut le déplorer mais c'est ainsi. En bien des cas, lors de moments chauds, elle fera basculer les événements dans la tragédie. D'où la nécessité de savoir conserver son calme afin de maîtriser toutes les situations possibles, y compris les plus dégradées.

Des qualités fort appréciées chez nous.

Cela dit, il existe des cas extrêmes où les notions de prudence, de dialogue voire de diplomatie n'opèrent plus. L'importance d'une méticuleuse préparation, en amont de chaque affaire, s'impose toujours. En toutes circonstances. Aucun aspect de l'opération ne sera négligé. Qu'il s'agisse du choix des intervenants comme de celui des outils et matériels mis à leur disposition. Chaque détail compte, et pourra se révéler déterminant dans le feu de l'action.

Le fait de jongler avec la ligne, pendant longtemps qui plus est, a quelque chose d'enivrant. Cette quête – le mot sonne juste – d'activités extrêmes représente l'une des caractéristiques majeures de nombreux truands. S'y ajoute une autre, moins glorieuse hélas, dont j'ai déjà parlé : le besoin, dévorant, de reconnaissance. Combien de voyous vivent dans l'obsession que leurs exploits se sachent ? Beaucoup, à mon avis.

Mon complice du peu reluisant « braquage belge », que j'apprécie par ailleurs, appartient à cette catégorie. Il n'est pas le seul. Loin de là. On trouve, parmi les bandits, un vrai côté m'as-tu-vu, aussi futile que dommageable. Trop souvent, cette course à la célébrité les pousse à en faire des tonnes. Pour ressembler aux acteurs de *French Connection* – un excellent film, certes – qu'ils ont dû voir une dizaine de fois. Ou bien à ceux des polars français des années 1960-1970, dans lesquels Gabin, Delon, Ventura et Belmondo mènent la danse.

Je ne compte plus le nombre de fois où j'ai vu des voyous, aux pedigrees modestes, obsédés par leur souhait de s'identifier à des acteurs renommés. Il n'est pas rare que leurs prestations s'en ressentent. Et que les résultats de leurs exploits se révèlent inversement proportionnels au volume d'air qu'ils déplacent.

En général, je les détecte au premier coup d'œil. Puis m'efforce de les tenir à une certaine distance, dans la mesure du possible bien sûr. Le strass, les paillettes et le statut de VIP, très peu pour moi ! J'ai toujours pris soin de fuir la lumière. Et n'ai jamais eu à le regretter.

20

Le vieux truand ne dormait que d'un œil

Mon existence en pointillés, qui a duré près d'un demi-siècle, entre mes dix-huit et soixante-cinq ans, n'a jamais correspondu, de près ou de loin, à ce que je souhaitais pour les miens. Mes gosses en particulier. Elle les a beaucoup impactés. J'en ai toujours eu conscience. Et l'ai fort mal vécu. Impossible, hélas, de revenir en arrière. Mais j'ai à cœur, maintenant, de tenter d'expliquer le mécanisme qui a pu faire replonger le grand-père que je suis dans le business.

Pendant presque une décennie, je suis resté tranquille. Sans rien entreprendre d'illicite. Dans le même temps, ma famille s'est élargie, pour mon plus grand bonheur. L'âge venant, mes soucis de santé se sont aussi aggravés. Je pensais donc en avoir terminé avec les affaires, et n'aurais jamais rempilé si je n'avais vu pointer, à l'horizon de ma piètre retraite, ni plus ni moins que celle du siècle. Aucun doute à ce sujet.

Le coup d'une vie. Celui pour lequel chaque truand, du fond de sa cellule ou, au contraire, parmi les plus hautes sphères du Milieu, rêve de se porter volontaire. Surtout s'il s'agit de partir en beauté.

Avant toute chose, il faut connaître, et comprendre, les critères susceptibles d'avoir raison des résolutions d'un vieux bandit comme moi.

D'abord, bien sûr, se mesurent les sommes en question. Le processus qui mène à un braquage, quelle que soit son envergure, commence toujours par là. Cette première étape permet d'évaluer si la partie en vaut la chandelle. Prendre des risques, surtout à soixante-trois berges, pourquoi pas ? Mais certainement pas pour le roi de Prusse. De ce point de vue, l'affaire Kardashian, dont j'ignorais le nom, ne la connaissant au départ que comme « la cible », s'annonçait d'entrée de jeu hors norme. Les gains anticipés étaient faramineux.

Outre la personnalité de la Pince qui, à mes yeux, faisait caution, le contexte du casse témoignait, lui aussi et très largement, de sa viabilité financière. Le théâtre d'opérations s'agrégeait à la fameuse Fashion Week automnale. Laquelle génère beaucoup d'argent.

Moins déterminant sans doute, et néanmoins important, un deuxième critère a fait basculer mes certitudes. Le lieu même où se situerait notre action. Dans une logique normale de truand chevronné, Paris, les beaux quartiers du centre, un hôtel particulier, de luxe, jouxtant de hauts lieux touristiques, ça ne se joue pas. Surtout en pleine période d'attentats terroristes. Les risques, face à une police omniprésente et sur les dents, s'en trouvent décuplés.

Sauf que là, à ce niveau de danger, on décide de le faire quand même. Parce que le coup est prévu après 2 heures, dans un appartement-hôtel conçu pour les people de passage. Nous l'avons, au préalable, identifié, puis étudié, de manière satisfaisante. Cette phase, essentielle, qui précède le déclenchement de l'opération, a une durée variable. Elle est baptisée « enquillade » dans le jargon du Milieu. Cela consiste en une pénétration durable, et réussie, du théâtre d'opérations prévu. Le tout sans bruit intempestif et, surtout, hors de la vue de quiconque. Le *must* étant de s'enfermer à l'intérieur du lieu visé. Aussi longtemps que possible.

Les observations liminaires, puis l'immersion doivent nous assurer, autant que faire se peut, de la faisabilité du projet.

Une enquillade réussie suppose aussi une sortie tranquille, exempte de débordements inutiles. Là encore, nous avons trouvé des raisons d'être rassurés. L'idée directrice se bornait à assurer une exfiltration rapide. Dans les limites du raisonnable et, abstraction faite de facteurs imprévus, dénuée de risques.

Cette longue phase préparatoire s'étend, au minimum, sur plusieurs semaines. Elle s'apparente un peu à une grille paramétrique. Le but du jeu étant, à l'issue de celle-ci, d'avoir coché toutes les cases. Au crayon vert de préférence.

S'ensuit une autre étape majeure : celle de l'attribution des rôles. En toute logique, celui qui apporte l'affaire – la Pince en l'occurrence – s'attribue le plus prépondérant. Comme dans les films avec Gabin, dont personne ne songe jamais à contester le leadership. Le boss s'emploie alors à distribuer les seconds dossards. Puis les fonctions subalternes. Sur et en dehors du théâtre d'opérations.

Le principe de base, au moment de la constitution de l'équipe, peut se résumer ainsi : privilégier l'homogénéité et proscrire, sans faiblesse, toute forme d'incompatibilité. Même si tout cela demeure, bien souvent, assez théorique.

Dans ce qui deviendra le casse du siècle, je ne connaissais pas la plupart des protagonistes. Face à ce genre de situation, on se contente donc de faire confiance à l'organisateur. Quand il s'agit d'un ami de plus de quarante ans, ce n'est pas si difficile. Surtout lorsque l'affaire tourne autour des 4 millions d'euros... Ce qui se révélera, de surcroît, très largement en dessous de la réalité.

Le troisième aspect, fondamental à mes yeux, c'est que nous allions mener le braquage comme nous savons le faire : sans brutalité aucune ni débordements. Et nous l'avons fait, avec un résultat qui inspire, tout de même, un peu de respect. J'en veux pour preuve certains commentaires lus dans les journaux qui s'étonneront, je cite, de « la qualité d'un travail à l'ancienne. Sans haine ni violence ».

Est-il besoin de préciser que j'y ai été sensible ?

Cela ne va plus de soi de nos jours. Combien de dérapages incontrôlés, ou de faits divers sanglants, pour des butins finalement insignifiants, voire ridicules ?

Revenons en arrière. La longue phase liminaire s'achève. Il convient maintenant de fixer la date de l'opération. Un moment très important, conditionné par différentes informations glanées auprès de nos – nombreuses – sources. Reste à réunir le matériel adéquat, sachant que nous disposons pour cela d'un budget préalablement établi. Ces frais seront, après le casse, déduits de la recette.

À ce stade, enfin, une dernière étape s'impose : définir les lieux de rendez-vous des différentes équipes, puis distribuer les téléphones mobiles.

J'ouvre ma gueule avec succès et fais valoir mon désaccord

Or, là, ça coince. Moi qui suis plutôt du genre mutique, je décide d'ouvrir ma gueule. Pour faire entendre mon désaccord et les raisons qui le motivent. Le mode opératoire, comme toujours en pareil cas, est d'abord établi en termes d'itinéraires. Sauf que le mien ne me convient pas. Il m'obligerait à partir plus tôt, afin de rejoindre les autres au premier point de ralliement. Puis nous ferait circuler à quatre dans le même véhicule. En partant de notre banlieue jusqu'à la gare Saint-Lazare.

Je ne le veux à aucun prix. Le B.a.-Ba d'une opération de cette envergure, c'est de fragmenter le groupe en plusieurs équipes – deux au minimum – jusqu'au théâtre d'opérations. Sinon, on a la certitude de multiplier par quatre nos chances d'attirer négativement l'attention en cas de mauvaises rencontres. Ce que l'on ne saurait exclure.

Je suis entendu. Privilège de l'âge et de l'antériorité en amitié.

Le jour J, j'exécute donc mon propre plan pour rallier la Madeleine en différentes étapes. La première me mène aux alentours de la gare du Nord où je gare ma voiture de location, plaquée par mes soins, au préalable, dans une rue assez tranquille. Je me rends ensuite, d'un pas paisible de promeneur, jusqu'au second point de rendez-vous : la gare Saint-Lazare. De là, nous enfourcherons nos VTT, dès le « top départ », pour notre rendez-vous nocturne avec la star virtuelle.

Au retour, le scénario sera identique. J'ai demandé, et obtenu, de rentrer non accompagné. Par mes propres moyens. Je suis seul dans ce cas parmi les cinq équipiers de ce qui deviendra, successivement, l'« affaire Kardashian », puis le « casse du siècle ».

Tout se passera, vous le savez déjà, sans gros dommage. Si l'on excepte mon rendez-vous téléphonique impromptu, à 4 heures, avec miss Tracy Chapman. Et les nombreux impondérables déjà évoqués.

Me voilà dans le bain comme jamais. Jusqu'au cou. Le vieux truand ne dormait que d'un œil.

Épilogue

Avec l'âge, et marqués que l'on est tous par la vie, on devient superstitieux. Aussi, avant le verdict de l'affaire Kardashian, comme j'en ai pris l'habitude, le matin du dernier jour du procès, je bouclerai un sac de sport, que je remplirai de quelques affaires de toilette, de linge de corps et d'un jogging. Pourquoi ? La réponse est simple : parce que je peux retourner tout droit en prison dès mon départ du tribunal.

Deux précautions valent mieux qu'une. Car n'oublions pas que j'évolue, depuis le mois d'octobre 2018, sous le régime dit de la liberté provisoire. La différence entre celui-ci et la liberté conditionnelle réside dans un aspect basique : son bénéficiaire se trouve toujours sous le coup de sa condamnation initiale. À ce titre, il peut être réincarcéré à tout moment. Et doit déférer à tous types de convocations.

La liberté conditionnelle, elle, oblige à pointer une fois par mois et pour une durée limitée devant une juridiction. Pour la liberté provisoire, cette prescription est hebdomadaire et s'effectue au commissariat du lieu de résidence de l'ex-détenu.

Selon les dispositions consécutives à la mesure – on parle toujours de la première – des justificatifs de paiements à l'ordre de la partie civile, si le jugement impose des réparations pécuniaires, ainsi que des promesses d'embauches, voire des bulletins de salaire, peuvent être exigés par le magistrat.

Ces documents attestent des démarches de réinsertion entreprises par le condamné.

D'un point de vue administratif, ces statuts – que je connais bien pour les avoir tous deux pratiqués – n'ont rien d'anodin. Bien loin de l'image d'Épinal d'un supposé laxisme trop souvent relayée par la presse, ils s'appuient au contraire sur des procédures lourdes et contraignantes. Les contourner expose l'ex-taulard à une sanction immédiate et invariable : le retour à la case « prison ». Comme au Monopoly.

De nos jours, pour un retraité, les choses sont devenues un chouïa moins compliquées. Cela n'a pas toujours été le cas, tant s'en faut. J'ai connu une époque, pas si lointaine, où la justice demandait des promesses d'embauche aux détenus. De manière systématique, et sans trop de discernement quant à leur situation personnelle. Aucune mesure de remise en liberté conditionnelle n'était envisageable faute de ce précieux sésame.

L'autre différence majeure entre les deux statuts, c'est que la liberté conditionnelle ne s'applique qu'à un prisonnier jugé et condamné. Ce ne sera jamais le cas pour la liberté provisoire.

Retourner au violon, au terme de la dernière journée d'audience ? À défaut d'avoir peur – cette perspective ne m'impressionne plus depuis des lustres, j'ai déjà expliqué pourquoi et c'est tout le problème – je vivrais fort mal la chose. D'autant plus qu'à cette heure, j'ai purgé pour l'affaire Kardashian pas moins de vingt-deux mois de trou. Et qu'aucune circonstance aggravante, liée à la récidive, ne peut en l'espèce m'être reprochée.

Bref, j'ai fait beaucoup trop de conneries, dont la société m'estimait, à plus ou moins juste titre, redevable, mais je les ai toutes payées. Au prix fort et toujours en me comportant comme un détenu modèle. Cela ne va pas forcément de soi.

Reste une question essentielle à laquelle, au moment où s'écrivent ces lignes, la justice n'a pas encore répondu : les faits seront-ils qualifiés de criminels ? Dans l'affirmative, seule la cour d'assises serait alors compétente pour juger. Dans le cas contraire, compte tenu de l'encombrement de ses juridictions et des usages désormais en vigueur lorsque aucun dommage, d'ordre physique s'entend, n'est à déplorer, ce casse hors norme pourrait relever du tribunal correctionnel.

Ceci dit, ne nous voilons pas la face. Des paramètres beaucoup moins juridiques, découlant pour certains de l'enquête judiciaire, ne manqueront pas de conditionner la décision des magistrats instructeurs. Et il y en aura sans doute d'autres.

D'abord, j'en suis convaincu, la personnalité de la victime. Ni plus ni moins la femme la plus suivie sur les réseaux sociaux de par le monde. Or, notre star virtuelle, icône du Web, a maintes fois démontré sa passion du spectacle. Un domaine où elle excelle. Pour preuve, le double discours qu'elle a jugé bon d'adopter après les faits. Raisonnable en France, où KK a plutôt évité de charger la barque. Notamment en reconnaissant n'avoir subi aucune violence. Beaucoup plus excessif après son retour aux États-Unis, où elle a éprouvé le besoin de surjouer ce rôle victimaire. Quitte à en rajouter dans une nouvelle version des faits, disons-le, assez fantasmagorique[1].

Afin de les retourner, autant que possible, à son avantage ? On peut le penser. Surtout quand on connaît le niveau de pression qu'elle a fait peser sur son assurance pour obtenir une indemnisation à la hauteur du préjudice subi. Ladite compagnie n'a, du reste, pas tardé à se retourner, ensuite, contre la société de sécurité privée en charge de la star lors de son séjour à Paris. Au vu de la liste des griefs reprochés, on comprend qu'elle ait pu juger sa prestation défaillante[2].

---

1. Voir note p. 59-60.
2. Voir note p. 228. Un compromis, selon certains journaux américains, aurait été trouvé en octobre 2020 entre les parties, au prix d'un dédommagement financier consenti par la société de sécurité privée.

D'autres, y compris parmi notre équipe, pensent aussi que dame Kardashian n'est pas insensible aux injonctions de ses proches. La principale influenceuse au monde serait-elle influencée ? Je ne l'exclus pas. La réapparition, dans une grande ville de Californie, de deux de ses bijoux, pourtant déclarés volés après le braquage parisien, puis échangés à un bijoutier réputé par une mystérieuse personne d'origine asiatique, interpelle[1]. De quoi intriguer son assureur. Voire, pourquoi pas, le FBI.

Pour ma part, je serai mal placé pour lui en vouloir.

Tout cela ne m'inquiète guère en vue du procès à venir. La page a été tournée, dans une large mesure. Des deux côtés de l'Atlantique. Il faut ramener cette affaire, certes médiatisée à

---

1. Dans son édition du 24 septembre 2019, *L'Express* raconte : « Deux pierres précieuses, dérobées à Kim Kardashian, sont réapparues dans une bijouterie californienne. » Le problème – pour son assureur surtout – c'est qu'elle les a déclarées volées lors du fameux « casse du siècle » à Paris, dans la nuit du 2 au 3 octobre 2016. Et que les bijoux, assurés, ont été depuis indemnisés… confortablement. Or, les faits, versés au dossier par le State Department of Justice et le FBI, ont de quoi intriguer. Ainsi, poursuit l'hebdomadaire : « En août 2017, une jeune femme d'origine asiatique, la trentaine élégante, entre dans la prestigieuse bijouterie Jewelerette & Co, à Beverly Hills. Elle souhaite échanger une bague, trop volumineuse pour sa fine main, ainsi que deux diamants, contre un anneau, serti de trois pierres, présenté par le joaillier. Affaire conclue ! Mais quand ce dernier se tourne vers le Genological Institute of America [Organisme fédéral, en charge de la certification des bijoux et pierres précieuses aux États-Unis], afin de faire évaluer ses nouvelles acquisitions, c'est la douche froide. Les bijoux, identifiés grâce à des numéros uniques, tracés au micro-laser, ont été déclarés volés à Paris, en octobre 2016, par Kim Kardashian. Confusion ? Mémoire défaillante ? La star virtuelle la plus célèbre de la planète ne se souvient plus, explique-t-elle aux enquêteurs, s'ils lui ont bien été dérobés dans le somptueux appartement-hôtel qu'elle occupait, dans le VIIIe arrondissement ou, un mois plus tard, lors d'un cambriolage effectué dans sa luxueuse villa des hauteurs de Los Angeles. »
Curieux, quand on sait qu'après celui-ci, elle se rappelle, en revanche, avoir déclaré aussi le vol de deux sacs griffés Hermès et d'un bracelet en or de la même maison. Puis avoir fait subir, à tous ses employés, un test détecteur de mensonge. Tout ça pour ça !

l'extrême, à sa dimension originelle : un fait divers. Même si sa portée est planétaire. Je vois en tout cas la chose comme ça.

Encore une épineuse question : la notoriété internationale de KK peut-elle interférer sur la procédure judiciaire en France ? Ou, pire, modifier le jugement des magistrats à l'heure du verdict ? Je ne le crois pas. La justice de notre pays met, le plus souvent, un point d'honneur à statuer en toute indépendance et sérénité. Je n'ai aucun doute à ce sujet. Y compris pour une affaire de nature à enflammer la Toile et les médias. Mais je ne suis plus très loin d'imaginer que cette quête, légitime, de calme puisse expliquer la relative lenteur avec laquelle la procédure a suivi son cours.

Éprouvant.

J'en suis maintenant à deux années de pointage au commissariat de mon quartier. Une situation qui devient frustrante. Impossible pour moi d'entreprendre quoi que ce soit. Pas même de passer deux semaines loin de Paris. Et cela peut encore durer.

Une autre crainte m'habite : celle de voir mon casier judiciaire, garni au fil des années, alourdir mon image – ainsi que mon sort – auprès de la justice, des médias et, par voie de conséquence, des citoyens. Ce serait regrettable. J'ai passé le tiers de ma vie en prison. Cher payé, tout de même, au regard de mes fautes. Je n'en tire aucune gloriole, mais aspire simplement à être traité pour ce que je suis : un vieux bandit à l'ancienne. Qui n'a jamais fait couler le sang de ses contemporains. Ni plus ni moins.

Or, il semble que cela soit beaucoup demander. Oui, je déplore que certains journalistes se soient permis d'écrire – ou bien de dessiner – des choses sans aucun rapport avec moi. Qu'ils n'hésitent pas à m'y représenter comme un personnage bien peu engageant. Pourtant, pas un d'entre eux n'a jamais pris la peine de m'interviewer. Ni même, simplement, de me rencontrer. Triste. Ce n'est pas ainsi que j'envisageais cette profession.

Dans notre droit, des juges établissent parfois – on l'a vu – une vérité édifiée sur des faits qui n'en sont pas. Puis, il leur arrive de condamner lourdement, en s'appuyant sur ces fondements pourtant branlants. Le tout sans se poser trop de questions. Les médias, à mon sens, ont tendance à faire pareil. Ils partent d'une réalité qui est déjà la leur avant de boucler leur papier. Puis n'en démordent jamais. Il suffit ensuite de broder autour. Quitte, si nécessaire, à faire preuve d'une imagination fertile.

Ce constat ne date pas d'hier, pour moi. Cela dit, je n'ai pas souvenir d'avoir constaté autant d'approximations, d'affabulations, voire carrément de fadaises qu'à propos de l'affaire Kardashian. Sans doute parce qu'il fallait lui donner un caractère encore plus sensationnel. Au besoin en détournant, en tordant ou en inventant certains événements.

Je pense à ces détestables rumeurs alléguant que notre équipe d'étage, chargée de maîtriser la star, se serait attardée sur sa quasi-nudité et aurait eu la main baladeuse au moment de son immobilisation. Puis l'aurait déposée, vêtue de sa seule nuisette, et après lui avoir lié les membres, dans la baignoire jouxtant sa chambre. Sans le moindre égard.

La meilleure façon d'infirmer cette version dégueulasse, c'est de rappeler un fait intangible : nous ignorions que sa secrétaire, réfugiée dans la salle de bains, se trouvait encore présente à l'intérieur de l'appartement. Ce qui, si cette dame avait eu davantage de sang-froid ou de jugement, aurait bel et bien pu faire capoter notre plan. Or, pour installer Kim Kardashian dans la baignoire, nous aurions dû entrer dans cette pièce. Ce qui n'aurait pas manqué de provoquer la rencontre inopinée de nos camarades avec sa collaboratrice, nez à nez. CQFD.

Manque de chance, cela ne s'est jamais produit. Même si je comprends que, pour vendre du papier ou glaner des parts de marché audiovisuelles, pareilles fariboles soient plus porteuses.

Pour dire les choses d'une autre façon, j'ai souvent eu l'impression qu'aux yeux des médias, des types capables de braquer, puis de détrousser, Kim Kardashian dans un appartement-hôtel de luxe parisien ne pouvaient, en aucun cas, ressembler à Monsieur Tout-le-Monde.

Eh bien si !

Les papis-gangsters n'ont rien de si différent des autres sexagénaires de leur génération.

Si ce livre a pu, ne serait-ce qu'un peu, faire comprendre qu'un vieux bandit reste aussi un homme, un père, un mari, un citoyen bref, un être humain, alors nous n'aurons pas perdu notre temps ensemble.

S'il a pu contribuer à remettre la vérité – la seule et unique, celle des faits – sur ses pieds, corriger délires et calembredaines de bandes dessinées, puis redonner corps aux épisodes majeurs qui ont jalonné mon existence, il n'aura pas été trop inutile.

Si tout va bien, la prochaine fois que vous entendrez parler du père Yunice, soixante-sept printemps aux prunes, cézigue aura posé ses fesses, une fois de trop mais la dernière, sur le banc de bois d'un tribunal de grande instance. Lustré, des années durant, par d'innombrables fonds de pantalon.

Qu'importe alors s'il y a pléthore de micros et de caméras. Si l'affaire Kardashian buzze à tout-va. Ou si le monde entier tourne son regard vers notre bon vieil Hexagone. Le plus important, pour nous, sera ailleurs. Vous pourrez dire à vos amis que vous connaissez un peu ce type. Et qu'il n'est pas si mauvais bougre.

Annexe 1

Le 7 février 2017, soit un mois après son interpellation à son domicile, à la suite du braquage des bijoux de Kim Kardashian, Yunice Abbas est hospitalisé à la Pitié-Salpêtrière. Il devra y subir une délicate intervention de chirurgie cardiaque.

Le Dr Yvain Auger, responsable de l'unité hospitalière sécurisée interrégionale, sise au sein de l'établissement, délivre, après son admission, ce certificat médical à l'expert près la cour d'appel de Paris diligentant le dossier judiciaire.

Dans ce document, le médecin préconise sans détour « une opération dans un délai court », puis assortit sa requête d'un souhait : « une mesure de remise en liberté temporaire » pour le patient.

Il ne sera que partiellement exaucé.

*

CERTIFICAT MÉDICAL

M. Abbas Yunice (né le 04/08/1953)

Je soussigné, docteur Yvain Augier, médecin responsable de l'unité hospitalière sécurisée interrégionale de la Pitié-Salpêtrière, certifie que :

M. ABBAS Yunice né le 04/08/1953 est actuellement hospitalisé dans notre unité.

Il présente une maladie coronarienne et une maladie de la valve aortique qui nécessitent une intervention de chirurgie cardiaque, dans un délai court.

Il s'agit d'une chirurgie lourde (remplacement valvulaire aortique + pontage coronarien) nécessitant plusieurs jours d'hospitalisation en milieu spécialisé. Pour faciliter le déroulement des soins, il nous paraît souhaitable que M. ABBAS bénéficie d'une remise en liberté, au moins pour le temps de cette hospitalisation en chirurgie cardiaque.

La date de l'hospitalisation n'est pas connue à ce jour.

Fait à Paris, le 7 février 2017
Docteur Yvain Augier (PH)

[*signature*]

Annexe 2

Dans un long compte rendu de quatre pages publié le 10 février 2017, l'expert près la cour d'appel de Paris, en charge du dossier de Yunice Abbas, relate son récent entretien avec le Dr Yvain Auger, médecin responsable de l'unité hospitalière sécurisée interrégionale de la Pitié-Salpêtrière. Celui-ci a précédé la délivrance d'un certificat médical que lui a remis le praticien.

Avec un luxe de détails, il y pointe les nombreuses pathologies dont souffre le détenu, récemment transféré de la prison de Fresnes. S'ensuit la description des contraintes, médicales, policières et administratives découlant de son admission puis de l'intervention chirurgicale requise.

À aucun moment, en revanche, l'expert n'évoque la demande de mise en liberté provisoire formulée par le médecin. Ce silence équivaut, de fait, à une fin de non-recevoir.

*

<u>Entretien avec le Dr Auger</u>

Il indique que Monsieur Abbas a été transféré de Fresnes le jeudi 02/02/2017 en raison d'une maladie coronarienne et une maladie de la valve aortique qui nécessite une intervention de chirurgie cardiaque dans un délai court. Le lendemain de son arrivée à l'UHSI, il a vu le médecin anesthésiste du service de chirurgie du Pr Leprince. Il est dans l'attente d'une date opératoire pour le détenu.

Il m'informe que Monsieur Abbas a présenté régulièrement des épisodes de douleurs thoraciques mais les explorations biologiques et ECG sont négatives.

Pour ce type de chirurgie, en l'absence de complications, les patients restent environ 5 jours en réanimation et chirurgie cardiaque puis sont transférés dans le service d'origine qui est l'UHSI pendant 4 à 7 jours avant d'être transférés en rééducation à Fresnes.

Il tient à me souligner qu'en cas de décision de maintien en détention, 2 surveillants de l'UHSI seront affectés en permanence à la surveillance du détenu en chirurgie et l'UHSI sera donc amputée de 2 surveillants.

Le Dr Auger m'a appelé le 09/02/2017 pour m'annoncer que Monsieur Abbas sera transféré lundi 13/02/2017 en chirurgie.

Au total :

Monsieur Abbas ressent des douleurs thoraciques à l'effort à partir de septembre 2016, une scintigraphie myocardique d'effort est réalisée le 05/10/2016 et est positive cliniquement et électriquement : elle objective une aggravation significative par rapport à l'examen de janvier 2015. Il s'agit donc d'une angine de poitrine : angor d'effort.

Les explorations sont poursuivies durant une hospitalisation en cardiologie au CHI Le Raincy-Montfermeil, Monsieur Y. Abbas y est hospitalisé du 11 au 13 décembre 2016 pour une coronagraphie diagnostique programmée qui retrouve une sténose serrée du tronc commun et une maladie aortique calcifiée avec indication à un remplacement valvulaire et pontage. Il est conseillé au patient de revoir son cardiologue traitant pour envisager un remplacement valvulaire associé à un pontage sans urgence.

Lors de la consultation du 11 janvier 2017 avec le Professeur P. Nataf, chef de service de chirurgie cardio-vasculaire à l'hôpital Bichat, il reconnaît une atteinte coronarienne tri-tronculaire associée à une maladie aortique et recommande une intervention chirurgicale.

Monsieur Abbas est hospitalisé à la salle Cusco du service des urgences de l'Hôtel-Dieu du 10 au 13 janvier 2017 pour surveillance et administration de ses traitements en raison des antécédents de diabète, de coronaropathie et d'une élévation des marqueurs biologiques de la souffrance myocardique.

Puis il est transféré à Fresnes.

Il est transféré à l'UHSI Pitié-Salpêtrière à partir du 02/02/2017 pour compléter le bilan préopératoire et une date d'intervention chirurgicale.

Le Docteur Yvain Auger, praticien hospitalier, responsable de l'unité hospitalière sécurisée interrégionale, UHSI, au sein du groupe hospitalier Pitié-Salpêtrière à Paris XIIIe, me remet le certificat médical daté du 7 février 2017 précisant que Monsieur Abbas présente une maladie coronarienne et une maladie de la valve aortique qui nécessite une intervention de chirurgie cardiaque, dans un délai court. Pour faciliter le déroulement des soins, le Dr Auger souhaite que le détenu bénéficie d'une remise en liberté, au moins pour le temps de cette hospitalisation en chirurgie cardiaque afin de ne pas mobiliser 2 surveillants de son unité lors de la chirurgie.

<u>Son traitement actuel est le suivant</u>: *Traitement antihypertenseur et anti-ischémique: Acebutolol 200, Amlodipine 5, Irbesartan 150, Plavix 75, Kardégic 75; Antidiabétique: Metformine 1000; Hypocholestérolémiant: Tahor 20; Hydroxyzine 25 pour détendre psychiquement.*

L'examen clinique de Monsieur Abbas retrouve [*sic*] un souffle cardiaque à l'auscultation en lien avec la maladie aortique mais aucun symptôme ni aucune maladie qui puisse rendre son état de santé incompatible avec son placement en détention provisoire à l'UHSI.

Les pathologies dont souffre Monsieur Abbas sont les suivantes:

Patient de 63 ans avec de multiples facteurs de risque cardio-vasculaires dont un diabète de type 2, une hypertension artérielle et une dyslipidémie, il présente une maladie aortique associée à une aggravation d'une cardiopathie ischémique tri-tronculaire avec un angor d'effort depuis septembre 2016, relevant d'une prise en charge chirurgicale.

<u>Observations:</u>

Le détenu est plus en sécurité à l'UHSI ou à Fresnes qu'à son domicile en Seine-Saint-Denis: en effet, en cas de douleurs thoraciques suspectes, un ECG peut être réalisé immédiatement, une biologie également, les secours médicaux sont quasi instantanés contre 20 à 30 minutes pour l'arrivée du SAMU à son domicile. Ainsi, la levée de la détention provisoire risque de se traduire par une perte de chance pour le détenu en rallongeant les délais pour une intervention des secours ou pour des examens complémentaires et médicaux : donc la détention à la Pitié ou à Fresnes n'est absolument pas un obstacle aux soins.

Le détenu va pouvoir être opéré plus rapidement en passant par l'UHSI que s'il avait été programmé à Bichat hors détention provisoire : le délai d'intervention est très raisonnable.

Le service de chirurgie du Pr Leprince est un service de grande qualité et renommé : pas de chirurgie « au rabais ».

Après la chirurgie, le détenu repassera quelques jours à l'UHSI, et dès que son état de santé le permet (habituellement 1 semaine), il pourra être transféré à Fresnes pour la rééducation.

La demande du Dr Auger est une demande non médicale : il ne souhaite pas « perdre » 2 surveillants pendant la semaine de chirurgie.

Ainsi, la détention provisoire a permis de réaliser le bilan préopératoire rapidement, de programmer une date d'intervention rapidement puis permettra de mener à bien la rééducation : Monsieur Abbas a mis de septembre à décembre soit 3 mois pour faire une coronographie devant un angor d'effort ; alors que grâce à la détention provisoire, il est pris en charge rapidement, le bilan préopératoire réalisé, il consulte l'anesthésiste et obtient une date de transfert en chirurgie en 2 à 3 semaines.

Fait à Paris, le 10/02/2017.

Dr Joseph Yildiz.
Expert judiciaire près la cour d'appel de Paris.

[*signature*]

Annexe 3

Au terme d'une longue filature, le commissaire Philippe Féval, numéro deux de la Brigade de répression du banditisme (BRB), localise le lieu de résidence parisien de Carlos, alias *Guillermo Bravo, et Franco,* alias *Francisco Fumarola, deux trafiquants de drogue sud-américains. Ces hommes auraient tenté d'entraîner Roland Plégat, restaurateur parisien, mis en cause pour l'affaire dite « des Muses », dans une nébuleuse transaction afin de lui vendre 20 kilos de cocaïne à 100 000 francs l'unité. Si nécessaire à crédit.*

À l'hôtel Concorde-Lafayette, porte Maillot, le policier apprend, de la bouche d'un responsable de la sécurité de l'établissement, que les deux trafiquants y sont logés gratuitement… aux frais de l'Office central de répression du trafic illicite des stupéfiants (OCRTIS).

Il rédige alors un procès-verbal, sobre et exempt de commentaires, puis l'adresse à sa hiérarchie. Ce document exclusif – et purement factuel – n'empêchera ni sa mise en examen, ni sa condamnation et son incarcération, à la prison de Fresnes puis à Fleury-Mérogis, pour « complicité d'infractions à la législation sur les stupéfiants ». Il y purgera une peine effective de dix-sept mois d'emprisonnement.

*

21/07/92

<u>affaire « muses »</u>

R a été contacté par deux hommes dont un parle espagnol. Ils l'ont contacté afin de lui vendre vingt kilos de cocaïne à 100 000,00 F le kilo même à crédit – marchandise disponible très rapidement.

RDV pris pour le lendemain. RDV en fait jeudi.

R pourrait même présenter une personne travaillant sur des overcrafts entre la France et la GB comme marin pour passer la marchandise en GB.

-o-o

<u>23/07/92</u>

C e FEVAL – Pierre-François – Thierry

RDV à 12h00 aux Muses : Arrivée de deux individus contact avec R.

R les conduit en face – prise de photos.

Ils se séparent à 12 h 15.

Les deux hommes prennent une Mercedes immatriculée 289 JZA 75 – très mal garée sur le trottoir devant le Louvre-Concorde Hôtel.

– <u>FUMAROLA</u> Francisco
    22/06/44 à Cordoba Italie
    dt 2 square Mollet à Paris 17e

Le passager se fait déposer au rond-point des Champs-Élysées. L'autre individu prenant l'avenue Matignon.

Le gros se rend à la VARIG (Ligne Brésilienne) pour confirmer un départ d'avion pour le soir pour deux majeurs et un mineur : Nom ?

		FARIA Maria (femme)
Vol	*RG707 du 24/07/92*	*FARIA Nicola (enfant)*
	RG260	*BRAVO GUILLERMU (CARLOS)*

Puis dans une agence de voyages où il a ses habitudes. Cette agence est située dans un passage dont l'accès se fait par la rue de Ponthieu et par l'avenue des Champs[-Élysées]. [*Galerie du Claridge*] Il se fait appeler M. CARLOS – nom donné à R-

Il quitte cette agence et se rend dans une parfumerie Free Tax sise rue de Berri où après discussion avec une vendeuse. Celle-ci lui remet un sac volumineux. Il ne fait aucun achat en notre présence. ?

En sortant, il prend un taxi à la volée et se dirige vers le Concorde Lafayette. Se rend à la réception, et prend sa clé.

Nous prenons contact avec un collaborateur de M. YVON – Chef de la Sécurité de l'Hôtel qui nous apprend que cette personne est logée gracieusement par l'Office des Stups et qu'il s'agit de l'un de leurs informateurs prénommé CARLOS.

LE DISPOSITIF EST LEVÉ.

Contact sera pris avec ledit service.

ANNEXE 4

Procès-verbal, rédigé par un officier de police de l'Office central de répression du trafic illicite des stupéfiants (OCRTIS), résumant le démantèlement d'un réseau de trafiquants de drogue et de quatre de ses membres.

Le document met également en cause Roland Plégat, restaurateur parisien, le dirigeant d'une filière canadienne de trafic de stupéfiants, ainsi que de l'un de ses intermédiaires.

*

D. C. P. J. / E. H.

LE DÉMANTÈLEMENT D'UNE ORGANISATION CRIMINELLE GRAVITANT AUTOUR DU RESTAURANT "LES MUSES" À PARIS 1er ENTRAÎNE LE PLACEMENT SOUS MANDAT DE DÉPÔT DE 10 MALFAITEURS IMPLIQUÉS DANS UN TRAFIC DE 1 534 KG DE COCAÏNE, 1 000 KG DE RÉSINE DE CANNABIS ET 2 000 COMPRIMÉS D'ECSTASY

- o o 0 o o -

Depuis avril 1992, l'Office central pour la répression du trafic illicite des stupéfiants diligentait une enquête sur commission rogatoire délivrée par M. RICARD, juge d'instruction au tribunal de grande instance de PARIS, concernant les activités délictueuses d'une équipe de malfaiteurs gravitant autour du restaurant "LES MUSES", 165 rue Saint-Honoré à PARIS Ier, dirigé par un repris de justice français, Roland PLÉGAT, 49 ans.

Celui-ci avait été interpellé pour vol à main armée en 1978, incarcéré et libéré de prison 5 ans après. Il avait réuni autour de lui plusieurs individus interpellés dans cette affaire :

– AYRAL Raymond, 45 ans, connu pour escroquerie,

– CIRILLI Azelio, 68 ans, fiché au grand banditisme,

– CHAUVANCY Daniel, 39 ans, connu pour trafic de stupéfiants aux Pays-Bas,

– ROBIN Jean, 44 ans.

Profitant de contacts dans différents milieux au Maroc, au Brésil, au Canada, aux Pays-Bas, en Suisse et en Allemagne, ce groupe de malfaiteurs avait organisé un fructueux trafic de stupéfiants entre ces pays, exportant du cannabis du Maroc et le livrant en Grande-Bretagne où CIRILLI était implanté, ainsi qu'en Suisse et aux Pays-Bas. Des amphétamines, principalement de l'ecstasy acquis notamment auprès de Joseph PAQUES, interpellé en Belgique à la suite de la découverte d'un laboratoire de fabrication à CHAMPIGNY (Val-de-Marne) en juillet 1991, étaient également livrés à LONDRES.

Grâce à ses contacts au Canada par l'intermédiaire de Jean-Claude TAILLANDIER, 47 ans, établi à MONTRÉAL, PLÉGAT, qui importait en France de la cocaïne venant du Brésil (80 kg en juillet 1992), servait également d'intermédiaire à une importante organisation canadienne dirigée par le nommé Michel CAPOBIANCO.

Il avait notamment participé à l'envoi d'un container, découvert le 19 mai 1993 à MONTRÉAL, qui contenait 1 454 kg de cocaïne.

Cette affaire ayant entraîné au Québec l'interpellation de CAPOBIANCO et de 6 de ses complices, puis la découverte au HAVRE par l'Office central pour la répression du trafic illicite des stupéfiants, suite aux renseignements de la Gendarmerie royale canadienne, le 7 juin dernier, de deux containers en transit contenant 2 150 kg de cannabis.

Lors de son interpellation, PLÉGAT se trouvait en compagnie du Canadien TAILLANDIER et d'un fournisseur de cannabis installé au Maroc, Hamadi ZAGHDOUD, 53 ans, les trois hommes préparant l'envoi au Canada, de haschich marocain directement par bateau.

En ce qui concerne le trafic de stupéfiants, l'enquête permet de retenir directement à l'encontre de PLÉGAT et de ses complices, plus d'une tonne de cannabis, 1 534 kg de cocaïne et 2 000 cachets d'ecstasy.

En outre, de nombreuses armes ont été découvertes en possession de PLÉGAT ainsi que des permis de conduire, passeports et certificats d'immatriculation provenant d'un vol commis le 25 mai 1993 à la préfecture de ROUEN.

Des investigations vont se poursuivre tant en France que dans les pays cités et principalement au Canada et au Maroc.

Tous les individus interpellés ont été présentés au magistrat instructeur, mis en examen puis écroués.

Annexe 5

Extraits du jugement de la cour d'appel de Paris, prononcé le 3 mars 1997, neuf mois après un procès de première instance devant le tribunal correctionnel de Paris, à l'encontre de Yunice Abbas – les autres prévenus étant Roland Plégat, Jean Robin, Azelio Cirilli, Philippe Féval, Thierry Fentz, Pablo Carreras Cuesta et Christophe Corbière.

Dans ses attendus, la cour retient sa culpabilité pour « importation, illicite, de résine de cannabis, produit classé comme stupéfiant, et ce, en bande organisée ». Puis souligne aussi « l'état de récidive légale, sur le territoire national, au Maroc et en Angleterre, dans le cadre d'une participation à une association de malfaiteurs ».

Elle le condamne finalement à une peine de douze années d'emprisonnement, assortie d'une amende délictuelle d'un million de francs.

*

DOSSIER N° 96/04658
ARRÊT DU 03 MARS 1997

Extrait des minutes du Secrétariat-Greffe
de la Cour d'Appel de Paris

COUR D'APPEL DE PARIS
10e Chambre, section A

Prononcé publiquement le LUNDI APRÈS-MIDI 03 MARS 1997, par la 10e Chambre des Appels Correctionnels, section A.

Sur appel d'un jugement du TRIBUNAL DE GRANDE INSTANCE DE PARIS – 16e CHAMBRE du 4 JUILLET 1996, (P9211420011).

PARTIES EN CAUSE DEVANT LA COUR :

1°/

ABBAS Yunice, né le 4 août 1953 à Clichy-sous-Bois (93), fils d'ABBAS Amar et de BOUMEDIENNE Fatna,

de nationalité algérienne, marié, 2 enfants,

Déjà condamné, Directeur commercial,

Demeurant 32, Allée Gambetta 93340 LE RAINCY

Détenu à la Maison d'Arrêt de la SANTÉ,

Écrou n° 263523 P,

Mandat de dépôt du : 09 juillet 1993

Prévenu, Appelant

Comparant détenu

Assisté de Maître HAIK, avocat au Barreau de Paris, et de Maître DEHAPIOT, avocat au Barreau de PARIS.

[...]

ABBAS Yunice :

D'avoir à PARIS, en tout cas sur le territoire national, au Maroc, et en Espagne, courant 1991, 1992, 1993 et ce jusqu'au 7 juillet 1993, en tout cas depuis temps non couvert par la prescription,

• importé, illicitement, de la résine de cannabis, produit classé comme stupéfiant et ce, en bande organisée ;

• contrevenu aux dispositions légales et réglementaires relatives au trafic de stupéfiants, en acquérant, détenant, transportant, cédant de la résine de cannabis, produit classé comme stupéfiant,

et ce en récidive légale,

D'avoir à PARIS, en tout cas sur le territoire national, au Maroc, et en Angleterre courant 1991, 1992, 1993 et ce jusqu'au 7 juin 1993, en tout cas depuis temps non couvert par la prescription, participé à une association de malfaiteurs formée en vue de la préparation caractérisée par un ou plusieurs faits matériels (réunions à Paris, au Maroc, contacts téléphoniques) d'une ou plusieurs importations de cannabis.

[...]

– Le réformant quant à l'état de récidive retenu :

[...]

• à l'encontre du prévenu ABBAS Yunice, la Cour ne retient pas l'état de récidive, pour le délit de participation à une association de malfaiteurs, cet état n'étant pas visé à l'ordonnance de renvoi du juge d'instruction, mais retient pour les autres chefs de prévention cet état de récidive.

– Le réformant sur l'application des peines :

[...]

Confirme le jugement déféré sur les peines prononcées à l'encontre des prévenus :

– ABBAS Yunice (12 ANS d'emprisonnement, UN MILLION DE FRANCS d'amende délictuelle)

[...]

Ordonne le maintien en détention des prévenus : ABBAS Yunice, CARRERAS CUESTA Pablo, CIRILLI Azelio, CORBIÈRE Christophe, FÉVAL Philippe, FENTZ Thierry, PLÉGAT Roland, et ROBIN Jean.

[...]

Le tout par application des articles :

– Faits anciennement prévus et réprimés par les articles : L 626, L 627, L 629-1, R 5149 et suivants du Code de la Santé publique, et arrêté du 22 février 1990, modifiée, Articles 15 et 28 du Décret-Loi du 18 avril 1939, Articles 57, 153, 405 du Code pénal.

Table

Cet ouvrage a été composé
par Atlant'Communication
au Bernard (Vendée)

Impression réalisée par

NORMANDIE ROTO IMPRESSION S.A.S.
à Lonrai (Orne)

en janvier 2021
pour le compte des Éditions de l'Archipel
département éditorial de la S.A.S. Écriture-Communication

Imprimé en France
N° d'impression : 2005239
Dépôt légal : février 2021